発達障がいの子どもが自分らしく生きていくためのヒント60

スマートキッズ療育チーム［編著］

唯学書房

はじめに

本書は、発達障がいがある子どもが自分らしく生きていけるようなライフ・キャリア・スキルを身につけるために、親としてどのように考え、どのようにサポートしていけばよいのかなどの選択肢を広げることを目的とした書籍です。

最近では、障がいのあるなしにかかわらず、小学校から「将来、どう生きるか」といったキャリア教育の重要性が指摘されています。一般的には、「キャリア＝仕事」というイメージがありますが、「キャリア＝職業生活も含めた人生全般」という考え方も存在します。そのため、「職業に就く」といったワーク・キャリアも大切ですが、「人生をどう生きるか」「どうすれば自分らしい生活を営めるか」といったライフ・キャリアに焦点を当てることが重要だと考えます。特に、インクルージョンを目指す社会において障がいがある子どもが「自分らしく生きる」ためのライフ・キャリアについて考えることは必要であると考えます。

私たちはおもに発達障がい児を対象とした児童発達支援事業・放課後等デイサービスを運営しております。これまでさまざまな子どもとかかわり、自立に向けた療育・支援を行って参りました。

本書では、これまでのかかわりをふまえて、発達障がいがある子どものライフ・キャリア・スキルを開発していくうえで大切だと思われる考え方や取り組みについて、取り上げています。

人間はそれぞれに個性をもったオンリーワンの存在であり、その支援に絶対的な正解はありません。そのため、タイトルにもあるように「ヒント」だと思って読んでいただければ幸いです。

本書が発達障がいがある子どもにかかわる方々の一助になることを祈っています。

二〇一六年四月

スマートキッズ療育チーム

Contents

第5章 親同士の交流 65

第6章 子どものできることを増やしていく 81

第7章 コミュニケーションスキルを高める 97

○○小学校

イラスト：トラノスケ

第1章

障がいの受容について考える

視点

1

障がい受容とは

◆障がい受容＝価値の転換という考え方

障がいを受容するとはどういうことでしょうか。障がいを個性としてとらえることや、障がいがある子どものありのままを受け入れるなど考え方はもちろん人それぞれだと思います。

これまでの障がい受容についての事例検討やインタビュー調査では、障がい受容の本質を「価値観の転換」とする考え方があります。

リハビリテーションの専門家である上田敏は「障害の受容とは、あきらめでも居直りでもなく、障害に対する価値観の転換であり、障害をもつことが自己の全体としての人間的な価値を低下させるものではない」と述べています（上田敏

〔1980〕『障害の受容――その本質と諸段階について』)。

つまり、障がい受容とは障がいを「不運」や「ハンディキャップ」として甘んじて受け入れるのではなく、自分の人間的価値を低めたりするものではないことをいくつもの道のりをたどって体得し、最終的には新しい価値観をもつ「成長したこころ」の状態にいたることだと言えます。

◆障がいがある子どもをもつ親御さんの強さ

教室を利用しているある親御さんが、利用1年後の面談で「通い出して、1年経って、言葉が増えたなと思って。通う前は話しかけても反応しなかったりで、イライラすることが多かった気がします。言葉が出てくるようになってからは、子育てに楽しさを感じています。親にしかわからない言葉もありますが、やり取りするのが楽しいです。最近はあの子のペースで成長してくれればと思うようになりました」とおっしゃっていました。

こういったお話をうかがうたびに、私たちは人間の強さや成長の素晴らしさを痛感します。もちろん、障がいがあることや障がいがある子どもをもつことが、いかに困難を伴う可能性があるかは、日々かかわっている私たちも感じています。

しかし、障がいがある子どもや親御さんが前向きに生きている姿を見ると、障がいはかならずしも否定的なものではないという気持ちもわいてきます。おそらくそこには、障がいがあることによる経験や、それを乗り越えようとする努力や立ち直りから得られた特別な気持ちや思いがあるからではないでしょうか。

ポイント

◆障がいがあることは生きづらさや不便さを生じさせることはあるかもしれませんが、それがその人の価値を下げたり不幸せなものではないと理解していくことが大切です。

視点
2

障がいがある子どもを抱える自分を受容

◆こころの状態は親によって異なる

親の心理状態が子どもの発達に与える影響が大きいことから、親への支援も大切であるとされています。最終的な親の受容とは、「子どもに障がいがあること の受容」にとどまらず、「障がいがある子どもを抱える自分自身の受容」であるとされています。このような難しい二つの課題を、障がいがある子どもの親は抱えているということです。

教室でも、療育といった子どもの発達の支援だけでなく、親御さんが相談しやすい環境を作ることで親御さんの心身の負担を軽減できるような支援もさせていただいています。

さきほどもお話ししたように、療育機関や福祉制度を利用しているからといって、すべての親が受容の状態にいたっているわけではありません。「頭ではわかっているけど、気持ちとして認めたくない」と揺れたり、「悲しみでいっぱい」と悲しみの中にいるなど、そのこころの状態はその方それぞれです。

◆親自身が受けとめられていることが大切

もしどうしようもなくこころが崩れそうになったときは、誰かに頼ってほしいと思います。家庭のご事情によっては家族にも頼れないといった方もいらっしゃるかと思います。家族に頼れないのであれば、こころを許せるママ友達、学校の特別支援教育コーディネーターやスクールカウンセラー、あるいは私たちのような福祉の専門家に、その気持ちを聴かせてほしいと思います。

私たちは、親自身が周囲の誰かにその気持ちを受けとめられていることがとても大切だと考えます。それが心理的な葛藤を抱えた道のりを乗り越えるエネルギーになるからです。

親の障がい受容は、本人告知にも影響するとされています。親が子どもの障がいについて受け入れることが難しい場合、子どもに告知することも難しくなります。

子ども自身も小学校に入ると、他の子どもとの違いから自分自身への「疑問」をもったり、親から得られた「答え」を自分なりに消化したり、その過程で心理的な葛藤を抱えたりすることもあると思います。

その際に、親が子どものその気持ちを受けとめることが何よりも大切だと言えます。親が周囲の誰かから支えられていることによって、子どもが自分自身を受容することにもつながります。

ポイント

子ども自身の障がい受容を支えるうえでも、親自身が誰かから受容されていることが大切です。

視点 3

無理に受容しないで大丈夫

◆受容までのこころの道のり

発達障がいは身体的な障がいと異なり、肉眼で確認することができないため、「見えない障がい」と呼ばれることがあります。特に知的障がいがない場合などは、親が子どもの障がいに気づきにくく、障がいとして認めることが難しくなる場合があります。

診断を受けたとしても、「診断が間違っているのではないか……」「たくさんミルクを飲んで普通に育ってきたはずなのに……」などさまざまな思いが駆けめぐるでしょう。

キューブラー＝ロスは、不治の病を宣告された患者のこころには、

ショック→否認→悲しみと怒り→取り引き→抑うつ→受容

という道のりがあると考えました。こういったこころの変化は、障がいがある子どもの親にも生じるとされています。

つまり、自分の子どもに障がいがあることに「ショック」を受け、そんなはずはないと「否認」し、なぜうちの子どもだけ障がいがあるのかと「悲しみ」や「怒り」を感じ、この子の障がいが治るなら自分はどうなってもいいと「取り引き」をし、それもかなわない無力感から「抑うつ」的になり、最終的に現実を認め、受け入れるという道のりです。

◆無理に受容しないで大丈夫

すべての親が診断を受けて、すぐに受け入れられるわけではありません。受容までの道のりにはさまざまな心理的な葛藤があります。否定的な感情や葛藤は、受容にいたるまでの必要な道のりでもあります。

教室に通っている子どもの親御さんでも、診断についてどうしても納得できない気持ちを抱えている方、今後に不安を感じている方、子どもの特性を受け入れたうえでその将来を考えている方など、それぞれがご自分の道のりの途上にいらっしゃいます。

受容に至るまでにどのくらいの時間がかかるかは人それぞれです。私たちは親御さんの肯定的な気持ちだけでなく、否定的な気持ちも含めて、その気持ちに寄り添い、支えていきたいと思っています。

また、すべての親が受容にいたるとも限らないと考えられています。そのため、無理に受け入れる必要はないと考えます。「受容しなければいけないものとかまえなくても大丈夫」くらいに考えてみてはどうでしょうか。今ご自身が抱えている気持ちをまず受け入れることが、最初の一歩になるのだと思います。

ポイント

◆障がいを受容するまでにさまざまなこころの変化がありますが、今ご自分が抱えている気持ちを受け入れることが大切です。

視点 4

受容は行ったり来たり

◆「慢性的な悲哀」は親の自然な感情

親が子どもの障がいを認識し、受容していくには、子どもの障がいの種類や程度のほかに、親の性格や価値観、家族関係や家庭環境などさまざまな要因が関連しています。また、子どもの障がいを、親が「受容できている」あるいは「受容できていない」と簡単に言えるものではありません。

障がいがある子どもをもつ親の気持ちを理解するものとして、「慢性的悲哀」という言葉があります。慢性的悲哀とは、障がいのような終結することがない状況では、常に内面に悲しみが存在しているということを意味しています。そして、この悲哀はいつも現れているわけではなく、ときどきあるいは周期的に再燃するとされています。最初にこの言葉を用いたオーシャンスキーは、慢性的悲哀は親の自然な感情であると述べています。

◆障がいを認める気持ちには波がある

私たちが親御さんと接する中で子どもを受けとめる気持ちに「波がある」、つまり、寄せては返す波のように「行ったり来たり」すると感じることがあります。その波は、親が障がいを認める気持ちになったり、否定したくなったりといったこころの変化によると考えます。

たとえば、ある親御さんは、療育の中で書いた母の日のプレゼントについて、初めて「おかあさん」と読める文字が書けたことを嬉しそうにお話しされていました。そうかと思えば、その数週間後には沈んだ様子で何もお話しされなくなることがありました。理由を聞くと、先日の運動会で普通学級の子どもと一緒にかけっこに出場して、歴然とした差を感じ、「やっぱり追いつけないんだ」と悲しい気持ちになったそうです。

このように、人生におけるさまざまなできごとをきっかけに、悲しみは現れます。歩き始めや話し始めの時期、就園や就学、就職、結婚といったライフイベントだけでなく、日常のできごとがきっかけとなって現れることも多く見られます。障がいがある子どもの親御さんは、何度もこういう悲しみを人生の中で経験されています。その繰り返しの経験の中で、その感情を一つずつ乗り越えていくことで、少しずつ受容に近づけるのだと思います。

ポイント

◆障がい受容は簡単にできるものではなく、そのときどきで親が感じる悲しみは自然な感情です。

視点
5
子どもとともに親も成長

◆葛藤を繰り返しながら親も育っていく

これまでお伝えしてきたように、障がい受容はすぐにできるものではなく、さまざまな心理的な葛藤の中でたどりつくものです。また、障がいがあることを受容することが最終的な目標ではありません。何らかのきっかけや人生の節目に、迷いや不安を感じ、障がいがあることを肯定できたり否定したくなったりするものです。

教育学では「共育ち」という言葉があります。親は子どもを育てることによって、親自身も育てられているということを意味します。子どもが生まれ、育てる中で、親も親として育っていきます。障がいがある子どもの親も、同じように子育ての中で親として成長していきます。

障がいがある子どもの親へのインタビュー調査の中には、障がいがある子どもの育児は、障がいがない子どもの育児よりも一層の努力や苦労が必要とされ、親が精神的に強くなったり、他者に対して優しくなったり、視野が広くなったりといった人間的成長を遂げている姿が描かれているものがあります。

◆「障がい」にとらわれすぎないことが大切

子どもに障がいがあるのではないかと感じたり障がいがあると診断を受けたりしたときのショックや悲しみは、今までに経験したことがないような強いものでしょう。子どもに障がいがなければ経験しなかったのではないかと感じるほどの苦悩や孤立を感じることもあるかもしれません。さきに「無理に受容しなくて大丈夫」とお伝えしたように、一人で頑張りすぎる必要はありません。子どもが成長していくのと同じように、親としてのあなたも少しずつ成長していけばよいのです。

「障がいがある」、あるいは「障がいがない」というような枠組みではなく、ありのままの子どもを見てあげましょう。「発達障がいの特性は、個性の一つ」とも言われています。個性が強すぎるために、子ども自身が苦労することも多くなります。これから、さまざまな考え方やスキルの向上に関してお話ししていきます。「障がいがあるからできない」ということはありません。苦労はあるかもしれませんが、工夫をすることでできるようになることはたくさんあります。親として少しずつ視野を広げてさまざまな視点をもって、子どもの成長を見守ってあげましょう。

ポイント

◆子どもに障がいがあることを受け入れることが最終的な目標ではありません。子どもと一緒に親としても成長し、ありのままの子どもを受け入れることが大切です。

第2章

親自身のケア

視点
6
ネガティブな思考・感情を認める

◆理想的な親でいる必要はない

「子どもにとって理解ある親でありたい、周りからしっかりした親だと思われたい」。親も人間である以上、自分に対する理想はたくさんあります。優しい親でいたい、子どものことをしっかり理解し守ってあげたいなどさまざまな思いがあることでしょう。

でも現実は、そううまくいかないことも多くあります。「この子はできないことや苦手が多い」と頭でわかっていても、やっぱり認めることができなかったり、わが子をかわいくないと感じてしまったりすることもあるかもしれません。自分のイライラから子どもを理不尽に叱ってしまうようなこともあるかもしれません。

そんなとき、自分を責めてはいませんか？　前向きになれない自分をダメだと否定し、元気を出そうとして無理してしまうようなときはありませんか？

常に理想的で完璧な親である必要があるのでしょうか。子どもたちに「ありのままでいい」「苦手なことが多くても大丈夫」などのメッセージを出しながら、親が自分に対して「ありのままではいけない。完璧でなければいけない」という思いをもっていると、子どもはなんとなくその雰囲気を感じ取って混乱してしまうことがあります。

◆ネガティブな感情をもっていることを認める

以前、学校の教室でじっとして授業を聞くことが苦手な子どもが「ママは『あなたのペースでいいよ』っていつも言うんだよ。でも僕がみんなと一緒に教室にいられない日は、ママものすごく悲しい顔をして、『はー』ってためいきつくんだよ。だから頑張って教室にいなきゃいけないんだよ」という話をしたことがありました。

親自身が自分の苦手なことや、受け入れにくいと感じることを認めていくことは、子どもたちの大きなお手本になります。「これでいい」と頭でわかっていることを言葉にして子どもに伝えてあげることも大切ではありますが、気持ちが伴っていないと親の表情などから子どもは混乱してしまう場合があります。イライラしたり、わが子をかわいいと思えなくなってしまうような日もあるでしょう。そういうときは、「まあそういう日もあるよね。そう思っちゃうことだってあるよね」と、自分の感情を否定しないようにしてみましょう。ポジティブな感情だけでは生きていけません。ネガティブな感情は誰にだってあります。親自身が理想通りにできない自分を認めてあげることが、子どもの苦手さを認めていくことにつながっていくのではないでしょうか。

ポイント

◆ポジティブな感情だけで生きることはできません。親が自分の中にネガティブな感情もあると認めることが、子どもにとっても自分を認めるお手本になります。

視点 7

リフレッシュの大切さ

◆ストレスとうまく付き合う

理想通りにいかないことに対するイライラやネガティブ感情を感じたり抱えておくことは不快なことで、喜ばしいこととも望ましい状態とも言えません。またその感情がストレスの原因となっていくことも少なくありません。「全面的にすっきり解決！」とはいかない、なかなか難しいことです。問題とうまく付き合っていく、つまり問題を抱えストレスを感じながらも、生活していく方法を考える必要がありそうです。

ネガティブな感情をまったくゼロにすることは無理です。いい気分の日もあれば、イマイチ気分が乗らない日もあります。できるだけいい気分の日を増やすために、リフレッシュタイムをうまく作るようにしてみましょう。

◆気晴らしの大切さ

ストレス対処法の中の一つに「気晴らし」があります。ストレスの原因となっている問題に直接立ち向かうのではなく、自分のこころのエネルギーを回復させるための行動のうちの一つです。誰かと長電話をする、好きなお店でのんびりお茶を飲むなど、何をしてもよいのです。このような自分の好きなことを、ある程度の時間を決めて行うことが、リフレッシュタイムになるのです。ただ、この気晴らしによって効果的にこころのエネルギーを回復させるためには、ちょっとしたコツが必要です。

それは、気晴らし行動中の自分の気持ちです。「リフレッシュタイムだ」「気晴らしをするから、問題は一時保留」と、気晴らし行動をしていることを意識することが大切です。家庭のことや、今の悩みについてあれこれと考えてはリフレッシュになりません。問題となっていることからしっかり離れて、頭をからっぽにしようと意識することでリフレッシュできるようになります。せっかくのんびりリフレッシュタイムをとっても、ダメな自分についてあれこれ考えていてはまったくリフレッシュにならず、むしろ疲れてしまいます。この気晴らし行動は自ら行っている行動が、「現実逃避」なのではなく「気晴らしなのだ」と意識することで効果を発揮します。常に問題と立ち向かうことがよいとは限りません。ときには問題から離れて自由な時間をもってみてはどうでしょうか。その時間をもつことで、明日への活力が生まれます。親の元気さが子どもの元気を支えるのです。

ポイント

◆ストレスの原因に立ち向かうことだけがストレス解消法ではありません。気晴らしでこころのエネルギーをチャージすることも大切です。

視点
8

周囲のサポートを受ける

◆感情的なサポートを受けることの大切さ

リフレッシュすることは、現実逃避ではなく、こころのエネルギーの回復のために必要なことだというお話をしました。一人でコーヒーを飲みに行ったり、少し散歩したりすることも、有効なリフレッシュの方法ですが、今回は誰かと一緒にリフレッシュすることや、誰かからサポートを受けることについて考えてみようと思います。

日々の生活に追われて辛くなってしまっているときや、どうやって解決したらよいかわからないような問題に直面しているとき、その原因を直接的に取り除いてくれるような援助だけがサポートではありません。

苦しい心情に共感的理解を示してくれる人の存在が大きな助けになります。子どものことや、自分が一番悩んでいることを話さなくても大丈夫。面白かったテレビのこと、見たいと思っている映画のこと、何でもいいのです。また、「何かをする」わけではなく、「ただ一緒に過ごす」ことで十分に気分転換ができるような関係性の人がいるとよりいいでしょう。

また、普段行かないようなところに出かけたり、普段食べないようなものを食べたり……。そんな小さなことであっても、誰かと一緒にやってみると、意外と楽しかったり、新たな発見があったりします。

◆頼る勇気を

「でも私がリフレッシュしているあいだ、子どもを見ていてくれる人なんていないから、やっぱり無理」「自分がのんびりするために、子どもを誰かに預けるなんて！　そんな申し訳なくてできない」「子どものことで愚痴をこぼしたいけれど、私がダメママって言われちゃうかもしれないから、やっぱり言いにくいな……」と罪悪感を抱いたり、周りからの評価を気にされる親御さんもいらっしゃいます。

でも、ちょっと勇気を出して、ちょっとだけ周りに頼ってみませんか。あなたが頼ることで、相手も嬉しい気持ちになったり、助けてもらえたと感じることがあるかもしれません。あなたが助けてもらうだけでなく、あなたが頼った誰かも助けられているかもしれません。

ポイント

いつも頑張っているあなたに頼られることで、嬉しい気持ちになる人もいると思います。勇気を出して頼ってみましょう。

視点

9

親自身の人生を考える

◆「自立してほしい。でもちょっとさみしい」

障がいがあるかどうかにかかわらず、子どもを育てていると親が自分のことを考えることが少なくなりがちです。特に苦手なことの多い子どもの場合、将来の自立に向けて、今やれることをすべてしてあげたいと思うのは、親の自然な気持ちです。

しかし、ふと、親自身が自分の人生って何だろうと感じてしまうこともあるかもしれません。何かをしようとするといつも「子どものために」となってしまい、自分のやりたいことや自分のための時間をとることも忘れてしまうことがあるかもしれません。

いつか子どもは自立することでしょう。また親は、将来子どもが自立できるように、と日々考えていることでしょう。「自立してほしい、でも自立して離れてしまうのはちょっとさみしい」。これは障がいがある子どもをもつ親だけでなく、すべての親に共通している気持ちです。たくさんの時間を子どもにかけただけに、子どもが自分で生活できるようになると、何をしたらいいのかわからなくなって燃え尽きてしまったようになってしまう方もいます。

◆やりがいを見つける

燃え尽きてしまわない親とはどういう方なのでしょうか。教室では、障がいがある子どもを抱えているスタッフもいます。そのスタッフと話をしていたら、こんなことを言われました。「子どもに『自分でできることを増やそうね』とずっと言ってきたのに、大きくなって仕事を始めたり施設で生活を始めたりするとやっぱりさみしいのよね。『できることが増えたんだ』ってなかなか思えなかったな。でもこうやって自分でできることを増やす手伝いをしてきた私だからこそ、

『この会社で他の子のお手伝いもしてみようかな』と思ったの。そしたら、さみしいのはさみしいけど、なんだかはつらつとした気持ちになったのよ」。

このスタッフは障がいがあるほかの子どもとかかわることを、次のやりがいとして見つけたようでした。

みなさんの中には、今は子どもを育てることがやりがいとなっている方もいるのではないでしょうか。でもこれから少しずつ考えてみませんか。子どもが自立したら、自分の楽しみのためにどう時間を使おうか、どんなことをやってみようかなど、ちょっと考えるだけでわくわくするかもしれません。

ポイント

今の子育てを大切にしながら、その中で将来のやりがいに少し目を向けてみるのもいいかもしれません。

視点 10

子どもからケアを学ぶ

◆セルフケアは子どものほうが上手なことも

これまで親自身のケアとして、親のもつネガティブな感情を認めることやサポートを得ること、気晴らしなどについてお話を進めてきました。自分のケアが大事なことは、頭ではわかっていてもなかなか思うようにできないこともあると思います。実は子どものほうがセルフケアは上手な場合もあります。辛くなると、一人で静かに過ごせる場所を探して、そこでゆっくり過ごしていたり、思いっきり泣いてストレス発散をしたりなど子どもなりに見つけていることがあります。

教室を利用している子どもの中には、独特なセルフケアをして感情のコントロールをしている子どもがいます。その子は、ちょっと苦手な活動などのあと、必ずスーパーのチラシを見ています。スーパーのチラシを見て、「キャベツ、98円。もやし特売、20円……」と全部を読み上げます。普段はチラシをずっと見ていたり、読み上げることはありません。しかし、勝負のはっきりする活動の中で負けたときや、思い通りにできなくて悔しい思いをしたときに、泣くことをぐっと我慢してチラシの読み上げをしていました。その子にとっては、チラシを読み上げるということが感情コントロールのための一つの方法となっているのです。

◆子どもから教わる

そこで私も、仕事でイライラしたときや、うまくいかなかったときに、その子の真似をしてチラシの読み上げを試してみました。「水曜特売、牛乳１００円、お一人様2本まで。売り切れの場合はご了承ください」といった感じです。そうしているうちに、チラシを読み上げる子どもの気持ちがちょっとわかってきたりします。集中してただチラシを読み上げていくと、自分のイライラの気持ちがすうっと引いていき、まあいいかという気持ちになっていきました。「ああ。あの子はこの感じが欲しくて、チラシを読み上げていたのかも……」と気がつき、子どもの行動の意味が一つ理解できました。

子どもの行動は、突飛で、もしかしたら意味不明な行動に見えるかもしれません。「ちゃんと言葉で言ってくれたらいいのに」「もっとシャキシャキ行動してほしいのに」などと思ってしまうことはあるでしょう。でも、子どもはそういった行動をとることで自分のこころのバランスをとっていることが多くあります。親がいつでも子どもをリードしなくてもいいんです。今日は子どもにリードしてもらって、子どもにケアしてもらいましょう。大人が教えるばかりでなくて、子どもに新しい知恵を授けてもらいましょう。

ポイント

◆子どもは自然にこころのバランスをとっていることもあります。いつも親が子どもに何かを教えるだけはありません。ときには子どもから学ぶこともあるでしょう。

第3章

専門機関との連携

視点
11

まずは専門機関を知る

◆まずは勇気を出して相談することが大切

子どもの発達について気になることがあったり、幼稚園や小学校などで発達上の気になる点を指摘されたりすると、誰でも不安になります。専門家に相談し、どうしたらよいのかを考えたいと思っても、一体どこに行ったらよいのか迷われることがあると思います。さまざまな専門機関があるために、どこに行くのが適切なのかわからなくなってしまうようです。では、どのような専門機関があるのでしょうか。

発達のどの部分で気になるところがあるのか、どのようなことに困っているのかによって、専門機関も異なります。どこに行ったらよいのかわからないときには、各自治体の相談窓口や、保健センター、児童相談所に相談してみましょう。必要に応じて、療育機関や医療機関などを紹介してくれます。

また、かかりつけの小児科の先生に相談するのもいいでしょう。子どもに関することであれば、相談に乗ってくれる場合があります。その後、必要があれば別の機関を紹介してくれたり、特性を知るために検査を行ったりします。

身近なところでは、幼稚園・保育園や学校など、普段通っているところに相談してみるのもいいでしょう。どのようなところで子どもが困っている感じがあるのかを聞いてみるのもいいでしょう。普段から子どもの様子をよく知っている先生にも気になることがないか聞いてみて、子どもの具体的な様子を教えてもらいましょう。

◆相談の前に気になることをメモしておきましょう

相談するときには、どのような点で気になるところがあるのか、具体的に伝えるとよいですね。日々の生活の中で気になったことがあればメモしておいて、それを専門機関に伝えましょう。「家庭では気にならないけれど、学校でじっと座って授業を受けられない」とか、「順番にこだわることが多くて、混乱する場面が多い」などとメモをしておきましょう。相談をしたら、すぐに障がいがあると診断されるわけではありません。障がいかどうかを知ることが目的ではなく、苦手なことや困っていることに対して、どういう対処をしたらよいのかを考えることが大切です。専門機関と相談しながら、苦手をカバーする方法を一緒に考えていくことができるとよいですね。

ポイント

◆発達障がいかどうかの診断のためではなく、苦手をカバーする方法を考えるために、勇気を出して相談しやすそうなところを見つけ、相談してみましょう。

視点 12

自分の子どもに合った選択を

◆まずは子どもがどんな特性をもっているのかを考えてみましょう

現在、発達障がいがある子どもや、その傾向がある子どもに対する療育機関はたくさんあります。あまりにもたくさんありすぎて、どういうところがよい機関なのかわからなくなってしまうことがあるかもしれません。「ここの施設はすごくいいよ」「ここの○○先生はすごく有名で、いい先生みたいよ」など言われて、療育機関をぐるぐるとめぐってしまうことはありませんか。どういう機関が自分の子どもにとっていいところなのでしょう。

正直その答えは子ども自身がもっていて、周りが決めることは難しいのです。口コミなどで、「イマイチ!」と書かれていても、子どもにとっては過ごしやすいところかもしれません。特別な活動がたくさんあって、子どもにたくさんの経験をさせてあげられるところは、親から見るとかなり魅力的です。しかし、変化に弱い子どもにとっては、環境に合わせていくことに辛くなってしまったり、疲れてしまうことがあります。「いつも同じ」の中でも子どもにとっては十分刺激的で、楽しい場になっているかもしれません。

◆子どもが楽しく、落ち着けるのは、どんな環境かが大切

たとえば、教室を利用している小学校低学年のCくんは、環境の変化に対応することに強い苦手さがあります。特に順番が変わることが苦手です。学校で運動会の練習が増えてきたときのことです。親御さんから「ちょっと疲れているようで、少しイライラしているようです。教室でも不安定になってしまうかもしれません」との話がありました。そこで、活動にあまり変化をもたせないようにしました。これまでに取り組んだことがある活動や、毎日行っている活動を丁寧に行い、いつもと違うことをあまり取り入れないように意識して活動を組み立てまし

た。確かに学校から教室にきてすぐは少しイライラして、大きな声を出してしまうこともありましたが、帰る頃には落ち着いて過ごしていました。Cくんにとって教室は「いつもと同じで落ち着く場」として機能しているのかもしれません。

親が、子どもに「こんなふうに時間を過ごしてほしい」とか、「○○ができるようになってほしい」という思いをもつことは当然のことです。でもそれを子どもがいつでも受けとめられるとは限らないようです。子どもが楽しく過ごすことができれば、その環境の中でたくさん学んでくれます。

ポイント

子どもに対して親が抱くいろいろな思い、それ自体は悪いことではありません。ただ、子どもの特性を把握したうえで、楽しく落ち着いて過ごすことができるという視点は忘れずに。

視点13

一生付き合っていくつもりで

◆苦手への対応の仕方を知るために、上手に専門機関を活用

「今、療育機関に通えばきっとよくなる。苦手はなくなるに違いない」。そんなふうに感じておられる親御さんはたくさんいます。確かに、小さいうちに苦手をカバーして、一見「普通」に生活している発達障がい者もいます。しかし、うまく相談することができなくて困っている方もたくさんいます。専門機関についてどのように考えたらよいのでしょうか。

発達障がいは脳機能の障がいと言われています。障がいまでいかなくても、脳の機能上どうしても苦手なことがある状態かもしれません。骨折したときのように、リハビリをして機能がほとんど元に戻るというものとは異なります。元に戻

らないなら療育をやっても意味がないのではないかというと、そんなことはありません。発達に応じて、苦手のカバーの仕方は異なりますし、ゆっくりかもしれませんがカバーできることは増えていくでしょう。この苦手への対応の仕方について教えてくれる専門機関と、長く付き合っていく必要があります。

◆成長に応じて、苦手・対応方法・専門機関は変わるもの

発達段階や困りごとに応じてさまざまな専門機関があります。療育機関や、就労支援にかかわる機関、生活支援をしてくれる専門機関など、今は必要なくても、今後は利用するかもしれない機関があります。そういったところがあるんだなということを親が知っておくこと、また折にふれて子どもが困ったときに相談できる場所として子どもに伝えておくこともよいでしょう。

成長に応じて悩みや困ること、苦手だと思う場面は変化していきます。それに応じて、利用する専門機関は変わっていきます。それは恥ずかしいことであったり、情けないことではありません。障がいがあってもなくても、誰かに頼ったり

相談したりしながら生活をしていきます。子どもが困ったなと感じたとき、親が困ったなと感じたときに、ぜひ専門機関に頼りながら、よりよく生活していくための方法を探っていけたらよいと思います。

ポイント

◆発達障がいは「治る」ものではありませんが、苦手をカバーしていくことはできます。子どもの発達や年齢に応じて、カバーの仕方を適宜、見直していきましょう。

視点

14

連携の大切さ

◆場所ごとのルールの違いによる混乱がないか確認

子どもは一日の大半を学校や療育機関などで過ごします。ときには、学校と療育機関のあいだでやり方が異なり、子どもが混乱してしまうことがあります。子どもが混乱してしまわないために、親ができることは何かないのでしょうか。

子どもが混乱してしまうことの一つに、場所ごとにルールが異なるということがあります。学校でのルール、療育機関でのルール、家庭でのルール。臨機応変に対応することが苦手な子にとってはかなりハードルが高くなります。そんなときは親の出番です。学校や療育機関に対して、「うちではこんなふうにしているから、できるようであれば同じ対応にしてほしい」と伝えます。もちろん、それぞれの場所でできることとできないことがあります。

◆ささいな話から情報の引き出しや共有を行いましょう

教室を利用している小学校低学年のDくんは、ドアノブに強いこだわりがありました。トイレのドアによくあるような、回すタイプのドアノブに触り、扉を開けたり閉めたりすることで落ち着けるようです。教室に来ていても、トイレの前で過ごしがちになってしまい、活動への参加を促したり、絵本を出して見せてもあまり興味を示しませんでした。おやつのときなどみんなで集まることも難しくなっていました。そこで「トイレの扉が気になるようなんですが、ご家庭ではどうですか?」と親御さんに確認すると、こんな話をされました。「やっぱりそうなんですね。うちでもドアノブを触ってることは多いですよ。でも名前を呼んで、10秒数えると次の行動をとってくれます」とのことでした。早速教室でも試してみると、すっと立ち上がり、みんなと集まって活動のあいさつができました。どうやらDくんにとって学校でも家庭でも、「名前を呼んで10秒数える」ことをしたら次の行動をとるというルールになっていたようです。
子どもによって、さまざまなルールやルーティンがあります。療育機関や学校に「家庭ではこんなふうに対応してますよ」と伝えることで、それぞれの場所でも居心地よく過ごせるようになります。また、逆に学校や療育機関などで困った行動のときにはどんなふうに対応しているのか聞いてみてもいいですね。家庭でも同じ方法で対応するとうまくいくかもしれませんよ。

ポイント

◆「どんなふうにすると子どもが混乱しないか」機関によってもっている情報は異なるかもしれません。できていない場面に活かすことができないか、親がパイプ役になってみましょう。

視点 15

それでも自分の子どもの専門家は親

◆毎日子どもの様子を見ている親は、その子専属の専門家

療育機関をうまく利用し、子どもの発達を促したり、苦手をカバーする方法を身につけさせたりすることができるという話をしてきました。こんな話をすると、親の出番がなさそうに感じてしまうかもしれません。

確かに、専門家はたくさんの子どもたちを見て、それぞれの専門分野に基づいて子どもにあった療育や教育をしてくれます。表現を促すためのトレーニングや、指先を使った細かな作業の練習の仕方など、専門的な方法で子どもたちの発達を促していきます。でもそれはあくまでも一般論。「うちの子」の一番の専門家は、生まれてからずっとそばにいる親なのです。

教室を利用しているDちゃんは、話し始めが遅く、5歳になった現在もDちゃんから話す言葉は年齢に比べて少ない状態です。あるとき、Dちゃんが「おさんぽ」とずっと言っていることがありました。「おさんぽ行きたいよね。でも今日は雨だから行けないよ」とスタッフが伝えても、「ちがう、おさんぽ」とずっと言っていました。そのことを親御さんに伝えると、「ああ。行きたいんじゃなくて、手をつないで歩いてほしいっていうことなんですよ」と教えてくれました。「なるほど！　手をつないで歩くことが、Dちゃんにとってはおさんぽなんですね」。療育の専門家であるスタッフよりもやっぱり親御さんのほうが、Dちゃんの言いたいことを、その場を見ていなくてもわかるんですよね。

◆成長過程を見てきた親の視点は大切

発達障がいがあってもなくても、子どもたちは成長していきます。「そういえば1年前はなかなか難しかった感情コントロールも、少しはできていることがあるな」など、それは近くで毎日毎日見ている親だからこそ気づけることなのです。

反対に、発達はゆっくり進むし、毎日見ているからこそ気づきにくいこともあります。どちらにしても、どの専門機関のスタッフよりも親が一番長く一緒にいます。だからこそ気づけることはたくさんあります。これまでどのような経過をたどってできることを増やしてきたのか、またこうすればよいと思ってやってきたけどうまくいかなかったことなど、その積み重ねは親であるあなたが一番よく知っていることなのです。

ポイント

◆専門家は専門的知識に基づき発達を促しますが、子どもの成長過程を知っている親にしかできないことはたくさんあります。親としてできることを専門家から引き出しましょう。

第4章

療育について考える

視点 16

療育は発達の伸びしろを大きくする

◆子どもがキャッチしやすいかたちを探る

子どもの発達において、気になることがあったり、遅れがあるとわかったりしたときには、できるだけ早く療育や支援を受けることで、高い効果が得られると言われています。しかし、中には療育という言葉を聞くだけで不安が高まってしまう方もいらっしゃいます。ではそもそも療育とは何でしょうか。療育に何を期待したらよいのでしょうか。療育を受けると何がよいのでしょうか。療育について考えていくために、まずは療育とは何かを考えてみましょう。

療育とは本来「治療」と「教育」を合わせた言葉です。身体機能の向上などの治療的な面もあれば、あいさつの仕方や意思の表現の仕方を覚えるなどの教育的な面もあります。発達に遅れがある子どもは言語や社会性を身につけるためのアンテナが、遅れのない子どもよりも低いために普段の生活の中ではキャッチしにくい状態にあります。そのため、療育の中で専門的な技法を用いながら、子どもたちがキャッチしやすいかたちで言語や社会性を習得できるようにしていきます。

◆挑戦したい気持ちをはぐくみ、次の発達への準備をする

療育の目的はもちろん一つひとつのスキルの習得というのが一番大きなところです。それに加えて、子どもに「自分でできた」という感じをたくさん体験してもらうこともあげられるでしょう。普段、叱られたり注意されたりすることが多い子どもは「やり遂げた」体験や「自分でできた！」と感じることが少なくなりがちです。療育の中で「できた！」という感じをたくさん体験することで、他の苦手なことにも取り組んでみようという気持ちにつながります。

療育という言葉を聞いて不安が高まっていたAちゃん（6歳）の親御さんに、私たちが考える療育についてこんなふうにお伝えしたことがありました。「お母さ

ん・お父さんが心配しているように、Aちゃんの言葉の発達は、年齢からすると、少しゆっくりかもしれません。そのことに関して、Aちゃんも思うように自分の気持ちを伝えられずに困っていることがあるかもしれません。療育では、Aちゃんが困っている場面を見つけ、どう伝えたらいいのかを練習していきます。ただ、苦手なことだからこそ、楽しく取り組めるようにして、Aちゃんが他の苦手としているようなことにも挑戦してみようと思える気持ちをはぐくんでいきますよ」
と。

ポイント

◆療育は、子どもがキャッチしやすいかたちで言語や社会性を習得できるようにすることに加え、挑戦しようとする気持ちをはぐくみ、次の発達の準備をすることにつながります。

視点17

親自身ができること

◆療育の役割と親の役割を考えることも大切

前節でお話ししたAちゃんの親御さんは「障がいが重いから療育というわけではない」と理解をされたようでした。そのうえで今度はこんな疑問がわいたようです。「では私は親として何ができるのでしょうか。専門家がスキルをつけてくれて、こころも育ててくれるのであれば、私にできることは何でしょうか」。Aちゃんの親御さんも、もちろん療育だけが子どものこころを育てるわけではないことはよくわかっていらっしゃるようですが、具体的に自分は何ができるのかがわからなくなってしまったようです。療育がより効果を発揮するために親が子どもに対してどのようなことができるのでしょうか。

◆親の役割は「安全基地」であり、その役割は親にしか担えない

子どもにとって親とは何でしょうか。発達に伴って子どものこころの中にある親の位置づけは変わっていきます。その位置づけの一つに「安全基地」としての機能をもつというものがあります。子どもは成長とともに新しい世界を見るようになります。親以外の大人とかかわり、親に言われないような言葉をかけられるというのも新しい体験になります。好奇心を刺激し、何があるのだろうと思うことも増えます。障がい特性などによっては、積極的に新しいことに取り組むことは苦手かもしれません。自分の世界を広げるスピードは子ども一人ひとりで異なりますが、少しずつであっても広がっています。しかし、その世界を広げるために、最初のうちは特に、戻ってくることができる安全基地が必要になります。新しい世界を見ることは楽しいことであると同時に、怖いことでもあります。親はその安全基地となり、子どもがいつでも戻ってきてほっと一息つける場になります。特別なことをするわけではなく、あたたかく迎えることが大事なのです。子

どもは親の顔を見て、「いつもと同じだ」と思えることで、また広い世界に出ていくための力を回復させているのです。

「専門機関で行う療育は、専門的な知識に基づいて行われ、高い効果をあげると言われています。しかし、安全基地という親の役割を担うことは困難です。それは、これまで長くAちゃんと向き合い、Aちゃんを一番よく知っている親だからこそできる、親にしかできない大事な役割ですよ」と私たちはAちゃんの親御さんにお伝えしました。親にしかできないことは、たくさんあるのです。

ポイント

◆療育の場でさまざまなことへの挑戦ができるように、親は子どもがいつでも戻ってきてほっと一息つける場となるようにこころがけてみましょう。

視点 18

普段の生活にも療育を取り入れる

◆療育の場でできるだけでは不十分

前節で取り上げたAちゃんの利用開始から半年ほど経った頃、親御さんとの面談の中でこんな話が出ました。「教室で、友達とのオモチャの貸し借りが上手にできるようになったって聞きましたけど、家ではまったく変化が見られません。きょうだいでオモチャをめぐってケンカになることもしばしば。本当にできるようになったんでしょうか。教室ではどのようにAに教えてくれているんですか?」。さて、家庭でも教室で覚えてきたことができるように、また教室での療育が効果をより発揮するようにするにはどうしたらよいのでしょうか。

教室のスタッフが行っている療育は、確かに専門的で特別なプログラムに基づくものが多くあります。しかし、それだけでは不十分です。確かにAちゃんは教室で、周りの友達と上手に遊ぶ方法を身につけ始めていますが、それが普段の生活の中で使われなければ、せっかくの療育も意味を成しません。療育では、子どもの苦手なことをカバーするための方法をたくさん練習します。それは何のための練習なのでしょうか。実際に友達とうまくやり取りができるようになるための練習です。そのため、普段の生活の中でも「療育」で学んだことを活かせるように、言葉をかけていく必要があります。

◆療育の場で習得したものを普段の生活の中に反映させる

教室での様子を見ていると、Aちゃんは「教室」という限られた場所において、「貸して」と言ってからオモチャを借りるという理解になっているようでした。親御さんには、教室でどのようにオモチャの貸し借りについて練習をしているのかをお伝えし、家でも気がついたときには同じような方法で声をかけてみてはどうでしょうかとお話をしました。

療育機関などと連携をとりながら、療育の中で覚えてきたことはできるだけ普段の生活の中に取り入れて、普段の生活と結び付けるようにしていくと、療育がより効果を発揮します。療育ではどのようなかかわりかたをして、またどのような状況のときに、子どもはできているのかなどを意識して、普段の生活に取り入れることを考えてみましょう。

ポイント

◆療育の効果をより発揮させるためには、療育で学んだことと同じような方法や状況を普段の生活の中にも取り入れてみましょう。

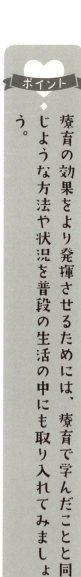

視点

19

子どもの困難さに寄り添う

◆親の「当たり前」が、子どもの「当たり前」とは限らない

前節でお話ししたAちゃんは、幼稚園で周りの友達と上手にかかわれないことを親御さんにしばしば訴えていたことが親御さんの話からわかってきました。「Aは幼稚園から帰ってくると、『どうして、貸してって言わないといけないの?』『どうしてみんな仲良くしないといけないの?』とよく話をしていました。私はそんなこと当たり前だと思っていたので、この子が何を言っているのかまったくわかりませんでした。Aはきっと幼稚園でいろいろと辛い思いをしたり、うまくいかないことについて自分や周りにイライラしていたんでしょうね。今ならAの辛さを少しわかってあげられそうな気がします」と親御さんは話してくださ

いました。私たちが当たり前と思っていることが、障がいがある子どもにとってはとても難しい場合もあります。今回は、その困難さに寄り添うことについて考えてみようと思います。

◆すべてわからなくても、寄り添い、信頼関係を構築することが大切

発達障がいやその傾向がある子どもは、世の中のルールと、自分の中のルールとのギャップに悩みがちです。Aちゃんは、「幼稚園で、みんなといっしょに遊ぶとなんでかわからないけど、先生がいつもAのことを怒るんだよ。でもどうしてなのかわからないの」と教えてくれました。親を含む周りの大人から見ると、不思議に映ることもあります。どうして理解しないのだろう、どうしてわからないのだろうと思うこともあります。しかし、事実として、子どもたちはそのギャップに悩んでいます。理解できないこともたくさんあります。親は、子どもが感じている困難さのすべてを頭で理解する必要はありません。辛かった気持ち、伝わらないもどかしさを否定せずにしっかりと聴いてあげるだけでもいいのです。

わが子の困難さを少しでも理解したい、辛いと感じている気持ちだけでもわかってあげたいという親の思いは、子どもには伝わります。その思いが伝わると、今後もっと解決が難しい問題にぶつかったとき、子どもは素直に親や周りの大人に相談することができるようになります。寄り添う中で子どもとの信頼関係を構築していくことで、彼らも問題を解決する力をつけていきます。全部をわかろうとしなくても大丈夫です。そばにいて、うまくやる方法を考えたり、一緒に辛い気持ちを共有したりすることで、子ども自身が解決していくためのこころのエネルギーをつけていくことができるのです。

ポイント

◆「当たり前」と思わず子どもに寄り添い、子どもとの信頼関係を構築し、子どもが自分で問題を解決できるようにサポートしていきましょう。

視点
20
自分の子どもにあった選択を

◆子どもが楽しんでいることが、子どものスキルアップにつながる

前節でお話ししたAちゃんの親御さんは、療育でAちゃんの他者とかかわるスキルが高まっていくことを実感されたようです。「たまたま教室と出会え、Aのいいところを引き出して、苦手をカバーしてもらえて助かりました。これがAに合わないところだったら、Aが楽しいと思えないところだったら、ますますうまくいかない感じをもったかもしれませんね」とAちゃんの親御さんがおっしゃったのが印象的でした。子どもに合う療育とはどういうものなのでしょうか。

◆子どもによって、合う療育機関や「療育」的役割の場は異なる

すべての子どもに合う療育機関は残念ながらないかもしれません。ある子どもにはものすごく効果が見られても、別の子どもにはあまり効果が見られないこともあります。それは療育機関のスタッフとの相性や、療育そのものの方法が子どもの特性と合っているかどうかがあるからです。そもそも療育というやり方が合っているかどうかも子どもにとっては大きな問題です。療育よりも、学校や幼稚園のようなところで、いろんな人とかかわることがその子にとっては「療育」的な役割をもつかもしれません。療育機関で丁寧に一つずつ積み上げていくのが合う子もいるでしょう。それを決めるのは、子どもの特性と言えるかもしれません。親は自分の子どもの一番の専門家です。子どもの特性を把握したうえで、子どもに合った選択ができることが理想です。

とはいえ、どういう選択が正しいのかを決めることは、簡単なことではありません。そんなときはぜひ、気になる療育機関や保健所、役所などで相談してみて

ください。療育機関ごとに得意とする分野は異なります。体験してみて、子どもの反応を確認したり、子どもに感想を聞いてみるのもいいかもしれませんね。子どもたちが生きていくために必要なスキルを、楽しみながら習得できるということを一つの基準に探してみましょう。

ポイント

残念ながらすべての子どもに合う療育機関はないかもしれません。子どもの特性をふまえて、子どもが楽しみながらスキルを習得できるかどうかというポイントで探してみましょう。

第5章

親同士の交流

視点
21

一人では限界がある

◆「見えない障がい」だからこそ、一人で頑張りすぎない

毎日子どもと向き合っていると、何のためにこんなに頑張っているんだろうとか、なぜ私だけこんなにつらい思いをしなければならないのだろうかと感じやすくなってしまうことがあります。特に、障がいがある子どもの親は、孤独感を抱えているという調査結果もあります。発達障がいは「見えない障がい」と言われることからも、周りの障がいがない子どもと一緒に遊ばせたくないと思うこともあると思います。迷惑をかけてしまうかもしれないという理由もありますが、周りの子との差を見せつけられるような気になってしまうからかもしれません。

中には、「自分が頑張らないと」と考えて、療育に関する本を読んだり、講演

を聴いたりされている方もいるかもしれません。これがよいと言われると一生懸命子どもにやってみたり、自分の考え方をコントロールしようとしている方もいます。でもなかなか結果が出なくてイライラしたり、自分が悪いのだと自分を責めてしまう方もいます。

そんなとき、誰かに助けを求めていますか。助けというほど大げさでなくても、「辛いんだよね」とか「うまくいかない」と愚痴をこぼすことをしていますか。一人で頑張りすぎてはいませんか。

◆誰かを頼ることは、恥ずかしいことでも情けないことでもない

子どもを守れるのは親です。でも、親も人間です。孤独や不安、さみしさを抱くこともあると思います。それは弱いことではありませんし、ダメなことでもありません。障がいがある子どもを抱えているから感じる特別な感情でもありません。親であれば、そして人間であれば誰でも感じることなのです。つらい気持ちを感じたときには、ぜひ誰かに相談したり、愚痴をこぼしたりしてみましょう。

あなたが思っているよりも、きっと支えてくれる人は多いはずです。あなたが子どもを大切だと思うのと同じように、あなたのことを大切に思っている人もたくさんいることでしょう。話した相手はあなたのことをすべてわかってくれるわけではないかもしれません。でも、きっと親身になって一緒に考えてくれると思います。

「何もかも一人では限界がある」、そう思って、誰かに頼ってください。頼ることは恥ずかしいことでも、情けないことでもなく、とても大切なことです。

ポイント

◆子どもを守れるのは親。だからこそ、親自身の気持ちが安定できるように相談しやすい人を見つけてみましょう。

視点
22
誰に頼ってもよい

◆子どもを育てることは、誰もが悩むもの

やっぱり誰かに頼るのは恥ずかしいとか、なんだか情けないと思ってしまう方もいるかもしれません。今回は誰かと一緒だからこそ感じることができるメリットについて考えてみましょう。

同じ障がいがある子どもを抱える親同士であれば、悩みを打ち明けたり、相談したりできる可能性があります。障がいがなくても、似たようなことで困ったことのある先輩がいる可能性はあります。発達障がいの特徴の一つとして、自分の興味のあることに集中して、自分の視界に入っていない人からの指示が通りにくいことがあります。しかし、幼稚園頃の年齢では、特に発達障がいのあるなしに

かかわらず、自分の目を見て話をしていない相手の話はあまり聞いていないことが多いです。このように年齢によっては障がいがあってもなくても似たような状態を示すことがあります。「障がいがない子ども＝親は悩みがない」ではありません。障がいの有無にかかわらず、子どもを育てるということには誰もが何かしら悩みを抱えていることと思います。子どもを育てることに正解はありません。だからこそ、誰もが悩んでしまうのです。

◆障がいの有無にかかわらず、子どもに合わせた工夫が大切

発達障がいがあるBくん（6歳）の親御さんは、障がいのない子どもを育てている親御さんからいいアイディアをもらいました。「Bが朝の準備が遅くて困ってるのよね」と、たまたまランチをしたときに話したそうです。そうしたら、「とにかく子どもの目の前に立って、名前を呼んでから、してほしいことを言えばいいのよ。『Bくん、着替えの時間です』とか言ってみたら？　うちはうまくいかないこともあるけど、なかなか効果あるよ」とのこと。最初は「障がいがない子

だからできるんでしょう」と半信半疑でしたが、家で試してみました。いつもは着替えに時間がかかっていましたが、意外にもすっと立ち上がってさっと着替え始めました。Bくんの親御さんはこれまで、あまり人に相談したりするのは好きではありませんでした。誰に相談しても発達障がいがある子どもを育てている苦労なんてわからないと思っていたところがあるそうです。でも障がいがない子どもを育てている親にも苦労はあります。誰からアイディアをもらってもよいのです。使えるものはどんどん使いましょう。もらったアイディアをまた工夫して、自分の子どもに合わせたオリジナルのものにできたら、もっと素敵ですよね。

ポイント

障がいの有無にとらわれすぎず、自分の子どもに合った方法にアレンジできないだろうかという視点をもってみましょう。

視点 23

親の会

◆同じ悩みをもつ人と悩みを共有し、一緒に考えることができる

誰に頼ってもよいと言われても、やっぱり同じような境遇にある人と話をしたいと思う方もいるでしょう。そのほうがお互いに共感しやすいし、理解しやすいものです。そんなときは「親の会」を探してみてはどうでしょうか。各自治体が旗を振って作っているところや、療育センターや福祉施設が運営している親の会もあります。それぞれ目的や対象の人を定めているところもありますし、誰でも参加OKのところもあります。親の会を利用するメリットとデメリットについて考えてみましょう。

親の立場から見て、親の会に所属するメリットは、①情報をキャッチできる

こと、②親の会の母体となっている組織が経営する施設を利用しやすくなること、③親の会に所属することによって親同士のつながりがもてること、などがあります。また、子どもの障がいと向き合うにはどうしたらよいのか、就学・就職についてメンバーと一緒に考えることができます。同じことを悩んでいる人と一緒に考えるのは、自分一人だけが困っているのではないと感じることができ、心強いですね。

さらに、会によっては、所属していればいろいろなアクティビティに参加できることがあります。子どもと一緒にヨガをやるようなところがあったり、クリスマス会などの季節の行事を取り入れ、親同士の交流だけでなく、子ども同士の交流ができるようなところもあります。

◆情報は有益な反面、振り回されすぎないように注意

でも、親の会にあるのは、よいところだけではありません。引っ込み思案な方にとって新しい人間関係を構築するのは、なかなか気苦労が多いかもしれません。

たとえば、就学で悩んでいて相談した場合、ある人からは「〇〇がいいよ」と言われ、別の人からは「〇〇はイマイチよ。△△がいいよ」と言われたりすることもあるでしょう。いろいろと情報をもらうために、自分が処理しきれなくなってしまい、逆に混乱してしまうかもしれません。親の会に振り回されてしまって、本来の目的が見えなくなってしまうことがあるかもしれません。でも、同じような立場の人と出会うことで、「自分だけが困ってるわけじゃないんだ」とか、「うちだけかと思ったけど、他の家でもそうなんだ」というような気づきもあるでしょう。専門家から情報を得るだけでなく、仲間同士のあいだでの情報もなかなか有益なものがたくさんあります。

ポイント

◆専門家と言われる立場の人からの情報だけでなく、同じような悩みをもつ仲間からの情報も有益です。ただ、さまざまな意見がある中で、振り回されすぎないようには注意しましょう。

視点 24

誰のための親の会？

◆親の会は、「子どものため」か？「親のため」か？

親の会の目的とは何でしょうか。「子どものための情報をたくさんもらえるところ」と思われた方もいれば、「親が息抜きする場」と思われた方もいるかもしれません。どちらも正解です。家庭でできる子どもの療育について考える会もあれば、親同士が情報を共有することを目的としている会もあります。

目的の一つは「子どものため」というのがあるでしょう。専門家の先生を招いて勉強会をしたり、ペアレントトレーニングを行うような会もあります。子どもが少しでも生活しやすくなるように手助けするにはどうしたらよいのかを考えるところとしての親の会もあります。

目的のもう一つは「親自身のため」です。孤独を感じやすくなっている人にとっては、「私だけが困ってるわけではない」と感じることができるかもしれません。親自身が疲れてしまっていては、子どものことを考えることも難しくなってしまいます。親の会では「うちではこんなことに困っている」という情報を共有することがあります。意外と「あるある話」が多く出ていて、「私だけが困っているわけではないんだな」とほっとすることもあるでしょう。また同じように困った経験のある人から、その対処方法が出てくることもあります。「専門家ではないけれどもこんなふうに対処した」というのは、等身大の対処方法で、なかなか効果の高いことも少なくありません。

◆親自身の気持ちが落ち着くことは、「子どものため」になる

目的は「子どものため」でも「親自身のため」でもどちらでもいいと思います。「親自身のため」は最終的には「子どものため」になります。親が笑顔でいられるとか、余裕があるときには、子どもも安定していることがよくあります。親が

不安でたまらないときや、イライラが募って処理しきれないときには、子どもも不安定になってしまうということがあります。親の会で何か専門的なことを覚えるなどの「おみやげ」をもって帰る必要はないのです。愚痴をこぼした、いつもは行かないランチに行ってくだらないことをたくさん話してきた、そんなことでも十分です。それで親自身が精神的に少し落ち着いたり、デトックスできたのであれば、きっとそれは子どもにも伝わります。

ポイント

◆まずは親自身が愚痴や不安を話す、悩みを共有するなど落ち着いた気持ちで過ごせるように心がけましょう。専門的な勉強や家庭での子どものトレーニングはその次です。

視点 25

自分に必要な親の会とは？

◆自分の中で優先的に外せない基準「自分基準」をもつ

現在、さまざまな親の会があります。障がいがある子どもを育てる親のための会もあれば、障がいとはっきり診断されていなくても、苦手の多い子どもを育てる親のための会もあります。それぞれに目的が異なっていたりするため、親自身も情報を取捨選択できる情報活用スキルをつけることが親の会選びには必要なことだと思います。でも、難しく考える必要はありません。まずはこんなことをベースに考えてみてはどうでしょうか。

・どんな親が対象か……同じ障がいがある子どもの親とのつながり？

・どんなことが目的か……情報交換？　子どもの療育？

・どんなことを知りたいのか……療育についての知識？
・どれくらい活動するのか……月一？　それ以上？　それ以下？
・いくらぐらい必要なのか……会費はいくら？　入会費などは必要？

◆人の評価ではなく「自分基準」に合うかどうか

そのようなことをベースにして考えたとしても、それでもやっぱり迷ってしまいますよね。インターネットなどでよい評価がされている会もあれば、あまりよい評価ではない会もあります。それはその人の基準であって、他の人もそうであるかはわかりません。その会を必要としている人はいるわけですし、あまりよい評価ではないところでも、入ってみたら自分の欲しかった情報が手に入ったり、素敵な仲間が見つかったりするかもしれません。

発達障がいは個人によって特性の違いが多いため、同じ発達障がいがある子どもを抱えている親の会であっても、違うなと感じることはあるかもしれません。

「自分が目的としていたことにピッタリ合っている会」というところになかなか

巡り会えないかもしれません。それぞれに悩みがあり、理解されていないと感じる苦しさがあると思います。もしなかったら、ご自身で作るということも一つの考えだと思います。会というほど大げさでなくても、親同士で不定期にランチをするだけでもいいでしょう。親の会というしっかりした形態をとっていなくても、自分の目的に合っていればそれでOKなのです。

ポイント

◆合うか、合わないかは人によって異なります。人の意見に左右されすぎずに、自分基準をもって探していきましょう。

第6章

子どものできることを増やしていく

視点 26

自信を育てることの大切さ

◆こころのエネルギーの源泉は、「大丈夫！　自分ならできる！」

何かに挑戦しようとすることは、こころのエネルギーをたくさん必要とします。失敗したらどうしようとか、うまくできなかったら怒られるかもしれない、友達に笑われたら恥ずかしいからイヤだな、など。「グズグズしないで、いいからやってみなさい」と言いたくなったことはありませんか。挑戦したい、やってみたいという気持ちから、実際にやってみることにつなぐために必要なことは何でしょうか。

その一つは自信をもつことです。自信とは自分を信じること。もしかしたら失敗するかもしれないと不安になっても、「大丈夫。自分ならできる！」と思えることです。この大丈夫な感じが、こころのエネルギーの源泉になってくれます。
では、どんなことをしたら自信につながるのでしょうか。

◆やろうとしている頑張りを認める声かけをすることが大切

実は特別なことは必要ないんです。いつもならやらないようなことをやろうとしている、勇気を出して取り組んでみようとしているところに声をかけてあげるということが大切なのです。いつもは親に言われないとやらないお手伝いを、自分からやろうとしているとか、苦手な工作の課題を「手伝って」と頼ることなくやろうとしているとか。そんなときに「自分からやるんだ！　すごい」とか「困ったら教えてね。そのときは一緒にやろうね」と声をかけてあげます。そんな声かけならできるかもしれないなと思いませんか。無理することはありません。「頑張ったらできるかもなあ、でも失敗するかもしれないなあ」と子どもが感じていそうなことに対して、「あなたの頑張りをちゃんと見ているよ」というメッセージを伝えるだけでよいのです。

子どもからすると失敗は怖いことです。子どもに限らず誰でもそうです。失敗するかもしれないからやりたくないなと思っていることにも、挑戦してみようと思う気持ちが出てくることは素晴らしいことです。親が見ている安心感から、自信に変わっていくことがあります。今日声かけをして、明日自信をもってできるというものではありません。毎日ほんの少しずつ頑張ったり勇気を出したりすることで、少しずつ自信をもてるようになります。これが自信につながるのかなと思うような、小さなことが大切なのです。「そばでいつも見ているよ」と言葉で伝えてあげましょう。そうすることで、知らないうちに子どもの中にじわじわと自信が積み重なっていきます。

ポイント

◆ **毎日、ほんの少しの頑張りができるような声かけ、そして、それを見てもらえているという実感を子どもがもてるように言葉で伝えてあげることが大切です。**

視点 27

「やればできる！」を育てる

◆少しでも苦手に挑戦しようとしている様子を見つけることが大切

子どもの苦手なことは何でしょうか。工作？　歌を歌うこと？　友達とケンカしないで遊ぶこと？　時間を守って過ごすこと？　子どもによってさまざまだと思います。では、子どもが苦手なことに挑戦したことはあるでしょうか。思い当たる方もいれば、そうでない方もいるでしょう。では、挑戦できないのはなぜなのでしょうか。どうしたら挑戦したい気持ちになるのでしょうか。先ほど、自信を育てるために、やろうとしたその様子に声をかけましょうという話をしましたが、今回はもう少し具体的に考えてみましょう。

◆「頑張ったらできるときがある」の積み重ねが「いつでもできる」につながる

あることが苦手になったきっかけは何でしょうか。実際にやってみて失敗したことがあるからかもしれません。失敗するかもしれないと想像してしまったからやれないということもあるかもしれません。もし食わず嫌いのように、やらずに苦手になっているのであれば、ちょっとだけやってみることをすすめてみませんか。教室を利用している小学校高学年のＥくんは、気持ちのコントロールが苦手です。ゲームに負けると、スタッフや周りの友達に当たり散らしてしまいます。そのため、負けそうになると、「おーしまい」と言って活動に最後まで参加できないことがあります。「つまんないからやんない」と話すこともありました。Ｅくんなりに気持ちよく過ごそうとしているのでしょうが、負けても勝っても最後まで参加してほしいなと思っていました。あるとき、玉入れゲームでＥくんのチームが負けてしまいました。いつもなら、「つまんない!!　ムカつく!!!」と怒ってしまう場面ですが、黙ってぐっとこらえていました。「大丈夫？」と聞くと、「我慢」と涙目で答え、ぐっと力を入れて固まっていました。Eくんは苦手な気持ちのコントロールをしようとしたんです。スタッフは「負けちゃっても我慢するんだね。すごいよ！　Eくん我慢できるね。すごい！」とたくさん声をかけました。

Eくんはその後も、すぐ気持ちのコントロールができるようになったわけではなく、コントロールができるときもあればできないときもあります。でも、「負けても我慢ね」とゲームの前に毎回言えるようになりました。気持ちのコントロールという難しい課題であっても、Eくんの中には「頑張ったらできるときがある」という気持ちが少しずつ育っています。

ポイント

◆少しでも苦手なことに挑戦しようとしている姿を見つけて、頑張っていることを認めながら、少しずつ「いつでもできる」に近づくようにサポートしていきましょう。

視点
28
ほめることのメリットとデメリット

◆ほめられる経験が、頑張ろうとすることへのきっかけ

ほめられることは誰でも嬉しいことです。頑張ったなとか、自分のやっていることは正しいんだなと感じることができ、自信にもつながっていきます。ほめることだけでできることが増えるのでしょうか。

ほめられることのメリットは何でしょうか。上手にできたときに誰も見ていてくれないのはさみしいですよね。できたときの嬉しい気持ちを誰かと共有できたら、嬉しい気持ちも倍になります。ほめてもらえることで、次も頑張ろうと思えることもあるでしょう。またほめてもらえるように頑張ろうとか、頑張るから見ていてほしいとか思うこともあるでしょう。「こうすればほめてもらえて、嬉し

い気持ちがいっぱいになるんだな」とわかるときもあるかもしれません。ほかにもほめてもらえることでわいてくる、ポジティブな気持ちがたくさんあることでしょう。

◆ほめられないとやらなくなってしまう可能性もある

逆にほめられることのデメリットもあります。「え？　いいことだけじゃないの？」と思うかもしれません。いいことばかりではないんです。もし、ほめてもらえると思っていたことをやったのにほめてもらえなかったらどうでしょうか。「ほめてもらえると思ったのに、ほめてもらえなかった。じゃあもうやらない。ほめてもらえないならつまんないよ」とか、「見ててくれないならもうやんない」と思ってしまうこともあります。ほめてもらうことが目的になってしまって、行動そのものが目的にならなくなってしまうことがあります。ほめられるというごほうびがないと、急につまらないと感じてしまう子どもも中にはいます。また、子どもとしては「もうできるのに」と思っていることをほめられすぎると、

「バカにされているのかな」と感じてしまうことがあります。

自信をつけるために、ほめることは必要です。ただほめればいいというものではなく、ほめるポイントや年齢などに合わせたほめ方など、ほめることにもコツがあるのです。このメリットとデメリットをふまえたうえで、次節で上手なほめ方について考えてみましょう。

ポイント

◆自信をつけるためには、ほめられる経験が欠かせません。メリットとデメリットをふまえ、バランスのよいほめ方をすることが大切です。

視点 29

勇気づけの大切さ

◆結果ではなく、やろうとした気持ちやプロセスをほめることが大切

頑張ってもなかなかうまくできるようにならなくて、ほめるところがないと思う方もいらっしゃるかもしれません。でも子どもの立場からすると、頑張っていることだけでも言葉をかけてほしいと思っても、なかなか言ってもらえないとか、結果ばかりを求められて悔しいと思っているかもしれません。ほめてあげたいけれど、結果が伴わないからほめるにほめられないというときには、どんなふうに言葉をかけてあげたらいいのでしょうか。

ここで便利なのが「勇気づけ」です。これは結果に対して言葉をかけるのではなく、やろうとした気持ちや、頑張っているそのこと自体を認めていきます。や

ろうとした気持ちやプロセスをほめてあげるのです。

◆「勇気づけ」の継続が、自分で自分を認めることにつながる

教室を利用している小学校高学年のFさんは、体操の活動への苦手意識があります。上手にできていない感じがして、恥ずかしくてイヤなのかもしれないとスタッフは考えていました。ときどき参加することはあっても、最初から最後までの参加はなかなか難しい状態でした。そんな中、ストレッチ体操の活動に最初から参加しました。最初から参加することはめったにありません。Fさんがストレッチに参加しようとして集まってきたときに、スタッフはすかさず「お、今日は最初のストレッチやってみるんだね。いいね。一緒にやろうね」と声をかけました。またストレッチの最中も「頑張ってるね」とか「最後までやれそうかな。頑張っててかっこいいなあ」とスタッフは声をかけました。ストレッチのあとFさんは「最後までできたよ!」と自慢げでした。

その後もFさんはやっぱり体操の活動に最後まで参加するのは難しいですが、

まったく参加しないという日はなくなりました。「ちょっとだけ頑張ってる自分えらい」と、思えるのかもしれません。最後まで参加できなくてもスタッフが見ていてくれることが嬉しいのかもしれません。最後まで参加するという点から見ると、「ちょっとしかしてないからダメじゃないか」と感じる人もいるかもしれません。でも、スタッフが勇気づけすることで、少しずつできる時間が延びています。

勇気づけを続けていくと、「自分はこれでいいんだ」と思えるようになっていきます。そう思えることが自信になるのです。そのためにも、親がその子のやろうとした気持ちに対して「頑張ってるね。失敗しても何度もトライしててすごいよ」と勇気づけしてあげられるといいですね。

ポイント

◆結果ではなく、やろうとする気持ちやプロセスをほめることを続けながら、少しずつ自分で自分を認められるサポートをしてあげましょう。

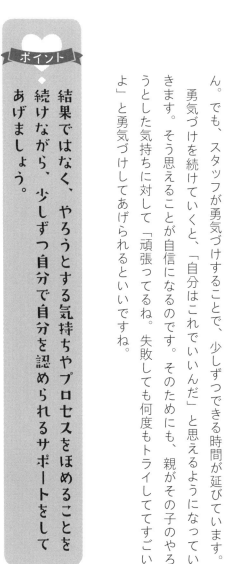

視点

30

勇気づけから動機づけへ

◆プロセスに注目して、内発的動機づけへとつなげる

勇気づけを続けることで、やる気はどのように変わっていくのでしょうか。心理学ではやる気のことを動機づけと呼んでいます。親から勇気づけをしてもらうことが、動機づけにどのようにつながっていくのでしょうか。

動機づけは大きく二つに分かれます。一つは親にほめてもらえるからとか、おこづかいなどのごほうびがもらえるからやろうと思う外発的動機づけです。もう一つは、面白そうだからとか、自分がやってみたいと思うからというような内発的動機づけです。この内発的動機づけによってやろうと思ったことは、失敗したときでも続ける理由を探そうとします。外発的動機づけによってやろうと思った

ことは、失敗したときにやめる理由や続けずにすむ方法を探そうとします。勇気づけをしてプロセスに注目してあげることで、自分を認めることができるようになり、内発的動機づけによってやってみようという気持ちにつながりやすくなります。

◆好きなことでも頑張っていることを認めながら、やる気を長続きさせる

教室を利用している小学校中学年のGくんは、ただいま漢字検定に挑戦中です。もともと文字に興味が強くあり、覚えることも大好きです。誰かに言われたわけではなく、「漢字検定をやってみたい」と自分から思うようになりました。でも何回受けても受からない。ちゃんと漢字の練習もたくさんするし、今度こそ受かるぞ！　と思っていてもいつもちょっと点数が足りずになかなか合格できません。Gくんに「悔しくても頑張るのってすごいね」と話しかけると、「勉強するの、すごいでしょ」と受からなかったことにへこたれません。受かったら親がおこづかいをくれるというようなごほうび目当てではなく、勉強することに注目し

てもらえるから頑張って取り組めています。すごくかっこいいですよね。あるとき、頑張って勉強している最中に、「これだけいっぱい書いたから大丈夫」「前より練習してる自分すごいなあ」とブツブツ言いながらやっていました。ちょっと自分にプレッシャーをかけ過ぎじゃないかなと心配になったりもしますが、自分に勇気づけをしているのでしょう。

頑張る様子を認めてあげることで、やる気も長続きしていきます。特別なことでなくても大丈夫です。大好きなことをしているときでも、苦手なことに挑戦しているときでも、頑張っているところを認めてあげて、やる気につなげていきましょう。

ポイント

◆プロセスに注目して、内発的動機づけを高め、やる気につながるようにサポートしていきましょう。子どもにとって苦手なことは特に、認めてあげるハードルを下げるように心がけましょう。

第7章

コミュニケーションスキルを高める

視点

31

自分の役割や立場を理解する

◆話す相手との関係に合わせて、言葉や態度を選ぶことが大切

コミュニケーションと一言で言ってもさまざまな要素があります。ですが、共通しているのは、どれも必ず相手が必要であるということです。誰かがいて、その人に対して、お願いしたり相談したり、意見を述べたり。発達障がいを抱えていたり、その傾向のある人はこのコミュニケーションが苦手だということが、特徴の一つにあげられます。今回は、その苦手さをカバーするためのヒントを考えてみます。

相手と楽しく話したり、お互いに心地よい時間を過ごしたりするには、どうしたらよいのでしょうか。まずは、話をしている相手との関係を考えてみてくださ

い。話す相手は友達、先生、家族、知らない人など、どのような関係性の人でしょうか。それに合わせて言葉や態度を選んでみてください。

◆関係性のカテゴリー分けを行って、繰り返し練習

たとえば、相手から本を借りることを想像してみてください。仲のよい友達であれば、「貸して」だけでもよいでしょう。「おい、貸せよ！」と言ったらどうでしょうか。ちょっと怖い感じがすると思います。学校であれば、第一段階として先生に「貸して」というのでＯＫですが、「貸してください」と言えるように練習するとよいですね。

同じことを伝えるにしても、言葉一つで印象はまったく変わってしまいます。発達障がいを抱える子どもはこの立場を読み取るのが苦手です。相手との関係を親が教えてあげることで、適切な表現方法がだんだんと身についていきます。とはいえ、さまざまな関係性があり、また場面によっても変わることはたくさんあります。わかりやすいのは、学校や専門機関での大人や子どもとのかかわりで

しょう。子ども同士であれば「友達の言葉づかい」、先生に対しては「大人との言葉づかい」というふうに2種類に分けてみましょう。最初は難しくて混乱してしまうかもしれません。コミュニケーションは毎日練習する場面がたくさんあります。毎日繰り返し伝えることで、少しずつ理解を深めていくことが大切なのです。

ポイント

◆相手との関係、適切な表現方法を言葉にして伝え、少しずつ理解ができるように時間をかけてサポートをしていきましょう。

視点 32

ノンバーバルコミュニケーションを学ぶ

◆言葉だけでなく、ノンバーバルコミュニケーションも大切

言葉で自分の伝えたいことを伝えることだけがコミュニケーションではありません。言葉以外で思いを伝えることを「ノンバーバルコミュニケーション」と呼びます。言葉では伝えきれなかったり、伝わりにくかったりすることも、表情やしぐさ、視線などで伝えることができますし、伝わってくることがあります。

一番わかりやすいのは表情です。相手と話しているときに、ニコニコしていれば「楽しいのかな」と感じますし、逆に眉間にシワが寄っていたり、あまり視線が合わなかったりすれば、「怒っているのかな」とか「つまらないのかな」と感じると思います。話をする相手は、言葉だけでなく表情やしぐさでも気持ちを伝

えてくれています。

反対に、自分の表情も相手に見られています。不思議なことに、「あーあ。この話つまんないなー。早く終わらないかなー」と思っていると、相手の顔を見ていなかったり、口を尖らせてつまらなさそうにしていたりします。そんな顔をするつもりはなかったのにと思っていても、自然とそうなってしまいます。相手との話が面白くて楽しくて仕方ないときは、身を乗り出して話を聞いていることがあります。

◆絵や写真を一緒に見ながら、表情と感情を結び付けていく

ノンバーバルコミュニケーションを教えるということはかなり難しいことです。なんとなく身につけてきて、習得方法などを言葉で説明することができる人は少ないかもしれません。しかし、ちょっとしたコツを知ることで子どもに伝えていくことができます。家族で話をしているときに、きょうだいの表情に注目させ、「楽しそうだね」など、表情と感情を結び付けられるように説明してあげ

ます。アニメのキャラクターの表情でもよいです。「怒ってるみたいだね」とか「困っているね」「さみしそうだね」など、表情で感情を表現できることを伝えます。また、子ども自身の表情に対しても気持ちを聞いてみるのもよいです。怒った顔をしているときに、「〇〇ちゃん、怒ってるんだね」と言葉をかけます。小さな子どもは気持ちに注目することが苦手なものです。表情と気持ちが連動していることがわかったら、すごく大きな成長です。子どもとしても、自分の気持ちが少しでも親に伝わることは、すごく嬉しいことでしょう。共感的に読み取ってあげられると、きっとノンバーバルな表現を利用する場面も読み取れる場面も増えていくと思います。

ポイント

◆まずは表情をもとに、感情と結び付けられるように言葉で伝えながら、ノンバーバルコミュニケーションを利用できる場面を増やすことができるようにサポートしていきましょう。

視点
33
自分を表現する

◆子どもに合った表現方法を見つけることが大切

自分のことを表現するというと、好きな遊びや苦手な活動についてなどの情報を伝えることだと考えがちかもしれません。もちろん、それも大切なことですが、今の気持ちを伝えることも大切なことです。「こんなことがしたい」とか、「これが楽しい」と伝えられると、表現の幅も広がっていきます。気持ちを伝えることができるようになるためには、どうしたらよいのでしょうか。

気持ちを伝えると言っても、気持ちの種類や伝え方にはさまざまなものがあります。楽しいとか、さみしいとか、困っているなど、言葉で説明しにくい微妙な感情もあります。最初の段階としては、「はい（やりたい）」「いいえ（やりたくない）」

の二つから選ぶというところから始められるといいでしょう。言葉でなくても、サインなどでもよいです。「はい（やりたい）」のときには顔を縦に振る（頷き）＝YESのサイン、「いいえ（やりたくない）」のときには首を横に振る＝NOのサインというようにすると、多くの方に伝わりやすい意思表現になります。

◆自分の気持ちが人に伝わる楽しさを感じる

教室を利用している5歳のHちゃんは発語が少なく、身振り手振りで伝える方法もあまり練習したことがありませんでした。「絵本読む？」など遊びに誘うと、拒否することなく参加します。しかし、自分からやってみたいと思うことを相手に伝えるのは苦手なようでした。そこで、先ほどお話しした、YESのサインとNOのサインを練習しました。ご家庭とも連携して、継続して練習を続けました。「絵本読む？　YES？　NO？」と聞いて、スタッフがお手本にYESのサインとNOのサインを見せます。何度も何度も繰り返すうちに、Hちゃんからサインが見られるようになりました。意思の疎通ができるようになって、Hちゃんも楽しそうに過ごす時間が増えてきました。こうすれば相手に伝わるんだということを理解してきていました。なかなか言葉は出てきませんが、それでも相手とやり取りする楽しさを感じられるようになっていきました。

自分の気持ちを伝える表現はたくさんあります。言葉が出ない（少ない）から気持ちを伝えられないわけではありません。言葉が出ていても、気持ちを伝えることが苦手な子どもは、サインでなくても「選択する」ことができるような聞き方をしてあげることが必要かもしれません。何度も繰り返しやっていくことで、次の表現方法を見つけることができます。自分の気持ちを人に伝える楽しさを子どもが感じられるようになることが、子どもにとっても親にとっても一番嬉しいことではないでしょうか。

ポイント

◆人に伝える楽しさを感じ、コミュニケーションの幅を広げるために、言葉に限らず、ジェスチャーなどのサインでも、子どもに合った表現方法を見つけることが大切です。

視点
34

協力することを学ぶ

◆人と協力する機会が、コミュニケーションスキルを養う

コミュニケーションの練習方法としてソーシャルスキルトレーニングというものもあります。ただ、トレーニングも大切ですが、一番身につくのはやっぱり実際場面でやり取りすることです。小さなことでも誰かと協力して何かをすることは、コミュニケーションスキルが養われる大切な活動なのです。

自分一人ではできないことを誰かと一緒に取り組むことは、学校でも家庭でもたくさんあります。苦手な工作を手伝ってもらったり、重い荷物を運ぶときに一緒に運んでもらったりすることなどがあるでしょう。また、日常の中で子どもが誰かに「お願い」と頼むこともあれば、お願いされることもあります。協力して

何かをするというと大きな活動をイメージするかもしれませんが、小さなことでいいのです。苦手な紐結びを誰かにお願いすることも協力することになります。

◆うまく伝わった喜びは素敵な財産

教室で、教室に貼る大きなカレンダーと、子どもの自分用の小さなカレンダーを作ったことがあります。ハロウィンやクリスマス、お花見など、季節を感じられる絵や折り紙などを作って貼りつけました。自分用の作品は自分一人で作りますが、教室に貼り出す大きな作品はみんなで作ります。自分一人なら好きなように絵を描いたり、好きなところに折り紙を貼ったりしますが、みんなで作るとそうはいきません。「ここに貼ってもいい?」「のり貸して」など、相手に頼んだり頼まれたりして作ります。ある子どもは、みんなで作った作品を見てとても嬉しそうにしていました。その子は普段自分のしてほしいことを伝えるのは苦手ですが、カレンダーのときにはたくさんお願いしたりお願いされたりしていました。そのやり取りが楽しかったのだと思います。

自分がどうしてほしいのかを相手に伝えることは簡単なことではありません。他者とかかわることで思い通りにならないこともたくさんあります。でもうまく伝わった喜びや、伝わったことでできたことは、きっと子どもにとっても素敵な財産になります。

ポイント

◆思い通りにならないことがたくさんある、人と協力する活動の中でも、うまく伝わった喜びが体験できるようにサポートして、コミュニケーションスキルを養っていきましょう。

視点
35
経験を積み重ねる

◆コミュニケーションスキルは、毎日試して修正することで少しずつ上達

コミュニケーションスキルについて考えてきましたが、いかがでしたでしょうか。ものすごく大変！　と感じてしまった方もいるかもしれません。他の子どもや大人とのかかわり方を見ていて、上手にできるようにならなくて、どうしたらいいんだろうと思ってしまう方もいるかもしれません。でも大丈夫です。誰ともかかわらないで生きていくことはできないのですから、毎日いろいろと試すことができますし、修正することも可能です。

教室で行うソーシャルスキルトレーニングの中では、さまざまな場面でのコミュニケーションスキルの練習をしています。モノを貸してほしいとき、ケンカ

してしまった相手に謝るとき、お礼を言うときなどです。集団活動の中で行ったソーシャルトレーニングの中で、小学校低学年のTちゃんは、モノを貸してほしいときのお願いの仕方や、貸してと言われたときの対応が上手にできました。「貸して」とお願いして友達から「いいよ」と言われて借ります。その逆もちゃんとできました。

◆日常の中でレパートリーが広がるように練習を繰り返すことが大切

自由時間のときに友達からオモチャを借りたくても、Tちゃんは言葉が出てきません。もじもじしてしまって、「貸して」の一言がなかなか出てきません。スタッフが「Tちゃん、一緒に『貸して』って言いにいこうか」と声をかけても、「やだって言われた」と悲しそうでした。ソーシャルスキルトレーニングの中では、確かに「貸して」とお願いしたら「いいよ」としか言われません。しかし実際場面では「ダメ！」と断られてしまうこともありますし、「待って」と言われてしまうこともあります。でもこれも必要な経験です。日々の生活の中で練習していくよりほかありません。スタッフは「イヤって言われたら、『いつならいい？』とか『あとで貸してね』ってまたお願いしようね」と対応方法について提案しました。なかなかすぐにはできるようにはなりませんが、毎日毎日「貸して」とお願いする中で、Tちゃんにとっても、周りの友達にとっても気持ちよくやり取りできる方法が見つかります。

練習する場面はたくさんあるから、いつかいい方法が見つかるよねと少し大きくかまえて見ていてください。子どもはちょっと勇気を出して、もしかしたらうんと勇気を出して、練習したことを友達や家族に試しているのかもしれません。いろんなコミュニケーションパターンを経験することで、思いを伝えることがきっと上手にできるようになります。

ポイント

◆日常の中でいろいろなコミュニケーションパターンが経験でき、子どもの中に複数の選択肢をもつことができるようにサポートしていきましょう。

第8章

感情コントロールスキルを高める

視点

36

感情コントロールの大切さ

◆変えられるのは自分だけ、人とうまくやるには自分をコントロール

子どもたちの様子を見ていると、気持ちが一瞬で変化していると感じることがあります。楽しそうに友達と遊んでいたのに、ちょっとしたことで怒りがわいてイライラが止まらなくなったり、急に泣き出してしまうほど悲しくなったりしていることがあります。また、楽しくなりすぎてしまって、そんなつもりはないのに周りの友達にちょっかいをかけて怒られてしまったことがある子もいるかもしれません。

私たちは誰かと一緒に生活をしています。家にいるときは家族、学校にいるときは先生や友達など、コンビニに買い物に行けば店員さんとかかわっています。

たとえ子どもや親などどんな人であっても、他の人の気持ちや行動を変えることはできません。変えることができるのは、自分の気持ちや行動だけです。周りにいる人とうまくやるために自分の感情や行動をコントロールすることが必要です。

◆悔しい気持ちを共有・共感してもらえる経験の積み重ねが大切

ときには我慢しなければならないことがあります。ゲームに負けて悔しくて悔しくて、周りに当たり散らしたい気持ちになったけれど、ぐっとこらえて「またやろうね」と友達に話していた子どもがいました。相手の子どももニコニコして「いいよ!」と気持ちよく答え、もう一度ゲームをやっていました。しかし、今度も負けてしまい、悔しくて相手の子にパンチをおみまいしてしまいました。そうすると相手の子は、「もう遊ばない!!」と怒ってしまいました。負けた子どもに話を聞くと、「悔しいもん!」と言っていました。負けたときの悔しい気持ちをコントロールするのは難しいものです。親はどのように声をかけてあげたらよいのでしょうか。「そうだよね。悔しかったよね」と共感してもよいでしょう。

「惜しかったのにね。ママも悔しい」と一緒に悔しがってあげてもよいでしょう。今はまだぐっとこらえることが難しくて、怒りやくやしさを表出させてしまうかもしれませんが、子どもなりに自分の気持ちと折り合いをつけようとしているのです。

「我慢しなさい」と言っても、あまり効果はありません。悔しさを感じることは決して悪いことではありません。我慢したいのにできない気持ちや、悔しかった気持ちをまずは受けとめてあげましょう。

ポイント

◆我慢することを強要するのではなく、我慢したいのにできない気持ちや悔しい気持ちに寄り添ってあげましょう。それが、周りの子どもたちとうまくかかわることにつながります。

視点 37

発達段階に応じた感情コントロール

◆感情コントロールは練習を繰り返すことが大切

自分の感情や行動をコントロールすることは、簡単なことではありません。感情コントロールをすることが苦手な子どもにとって、イライラした気持ちを静めることや、やりたくないことに我慢して取り組むことは、大人が考えているより多くのこころのエネルギーを必要とするものなのです。日々の成長が見えにくくはありますが、コントロールする練習を繰り返すうちに、少しずつ自分の感情をコントロールすることができるようになっていきます。

何から練習を始めるのかは、年齢や発達段階など、子どもによっても異なります。感情コントロールの最初の練習は、自分の感情に気がつくことです。「イライラしている」や「楽しい」という感覚を知ること、落ち着いているときの体の状態を知ることが必要となります。特に小学生のうちは、ゲームなど友達とのかかわりの中で生じる状況で練習をします。たとえばゲームに負けて悔しい思いをしたときに、「悔しいね」「イライラするね」と子どもが感じているであろう感情を言葉で伝え、10数えたり、「まぁ、いっか！」と大声で叫んだりするなど、落ち着くための方法を提案します。このように、子どもが抱いている感情と言葉を結び付け、その感情を静めるための方法を繰り返し練習していきます。

◆発達段階に応じて、感情コントロールの方法も変化

成長に伴い、困ることやコントロールする対象が変わってきます。つまり、成長に伴って、他者との関係の中で生じる自分の感情のコントロールに加えて、自分の中からわき上がってきた感情に対応する必要が出てきます。特に思春期になると、自分は何者なんだろうというような、アイデンティティを問うような悩みが生まれてくることでしょう。自分の気持ちが落ち着かなくなったときには、一

人で対応するのではなく、家族や学校の先生などに相談することを伝えていきます。「困ったら教えてね」とか、「今、大丈夫？　無理しているように見えるけど……」と手を差し伸べて、相談しやすい雰囲気作りを普段からしておきましょう。一人で解決が難しい場合など、ときには人に頼るということは、大人になっても必要となるスキルです。

発達に応じて悩みや困ることが変わるのと同じように、感情コントロールの方法も変わっていきます。感情のコントロールは、大人でも難しいことがあると思います。発達段階に合わせて、適宜、コントロールの方法を変えることが必要となる場合があります。

ポイント

◆子どもに合ったコントロールの方法を見つけ、繰り返し練習を行い、どうしたらコントロールできるのか自分でも少しずつ考えられるようにサポートをしていきましょう。

視点

38

まずは家庭でのルールを守る

◆「家庭」は「社会」という広い世界の縮図

生活をしていると、自分の思い通りにならなかったり理不尽だなと感じたりすることはたくさんあります。やりたくないことをやらなければならなかったり、わかっているけれどできないことがあったりすることでしょう。それは家庭の中でも同じことです。社会という広い世界に出る前に、まずは家庭という狭い世界の中でルールを守ることが大切です。

あなたのご家庭では、どのようなルールがあるでしょうか。教室を利用している小学校中学年のNさんの家庭では、毎日20時になったらテレビを消して、家族みんなでデザートを食べるというルールがあります。お父さんの帰宅時間がバラバラで、なかなか家族そろって夜ご飯を食べることが難しいということでお母さんが考えたルールのようです。20時から30分程度はテレビを消して、家族みんなでおしゃべりをします。Nさんはこのルールの意味がよく理解できていませんでした。相手の言葉を理解するスキルや、自分のことを伝えるスキルが弱いということもありました。しかし、Nさんにとっては、家族でデザートを食べることよりも、その時間にはNさんが好きなテレビをやっていて、それを見たいという思いの強さがあったのです。

◆「家族だからこそ」、その関係の中でルールを守ることが大切

Nさんがかんしゃくを起こして泣いてテレビを見たいと訴えても、家族は絶対にこのルールを曲げたり、「今日だけはいいよ」という例外を作ったりしません。旅行以外のときは必ず守ります。Nさんは「なんでこんなことをしなきゃいけないの?」と納得できない様子でしたが、毎日繰り返すことで少しずつルールに沿って我慢ができるようになってきました。テレビが見たくてイライラする日も

ありますが、「20時になったらテレビをいったん消す」ということはルールとしてNさんに定着してきました。

家族という一番身近な人とのあいだでも、「ルールを守る」「ルールに従って我慢する」ということの練習ができます。一番甘えたい、一番リラックスできる家庭の中でルールを守らなければいけないというのは、少々面倒なことかもしれません。家庭は安心できる、リラックスできる場であることも必要なので、絶対的なルールは1個だけにするなど、少なくてもかまいません。ほんの少しの我慢の積み重ねが、感情コントロールには大切なのです。

ポイント

基本的に例外を作らず、ルールを守る場面を一つ決めてみましょう。子どもが泣いてもわめいても、その場面だけは親として毅然とした態度で応じることが大切です。

視点 39

怒りのコントロール

◆怒りの感情を上手に外に出すための方法はある

感情をコントロールする中で一番難しいのは、怒りの感情です。じわじわとムカつくという気持ちが出てくるときもあれば、一瞬で爆発してしまうような激しい怒りもあります。また、いったん怒りモードになってしまうと、いつもは楽しいと感じることでも楽しめないときがあるでしょう。早くムカつく気持ちを鎮めたいのに、どうしたら楽しい気持ちになるのかわからずに、ますます嫌な気持ちになることもあるでしょう。そんな子どものイライラを見たときには、外に出してしまえるように手伝ってあげることが必要です。もちろんそのまま怒りを爆発させてしまってはコントロールしているとは言えません。上手に外に出すための方法を考えてみましょう。

◆具体的な方法を子どもに提案し、すっきりした気持ちよさを体験

方法の一つとして「イライラを紙に出す」というものがあります。ノートでもチラシの裏でも何でもいいので、「ここにイライラを全部出しちゃえ！」と書いていきます。こんなことを言われて嫌だったとか、口に出して言ってしまいたいことを全部ぶつけます。紙に出す方法は、文字を書けなくても使えます。紙をビリビリに破いてしまうとか、クレヨンで真っ黒に塗りつぶすなどでもいいでしょう。子どもがこころの中に感じているドロドロした気持ちを外に出してしまうことが大切です。書き出したら、ドロドロした気持ちをゴミ箱に捨てることをイメージして、紙をグシャグシャっと丸めて「ポイ！」とゴミ箱に捨ててしまいます。単純なことのように感じるかもしれませんが、結構効果があります。

もう一つは「10秒深呼吸」です。空気を吐くときに「嫌な気持ちも出ていけ！」と強く念じて、一緒に吐き出します。黒いモヤモヤドロドロしたものを吐

き出すようなイメージで、ふーーーっと長い息でじっくりと吐き出しましょう。「ほら。嫌な気持ちが出ていくよー」などと声をかけてあげると、子どもたちもイメージしやすくなります。

深呼吸や紙にぶつけることで、少しでも落ち着けたときにはよくほめてあげましょう。少しでもコントロールできたことや、嫌な気持ちを外に出せてすっきりした様子などを共有することで、感情を静めることの気持ちよさを感じていきます。

ポイント

◆子どもが取り組みやすく、適切な表出方法を探っていきましょう。少しでも子どもの気持ちが落ち着けたときには、よくほめてあげましょう。

視点 40

複数の感情が絡み合う中での感情コントロール

◆「どうして自分ばっかり我慢しないといけないの？」

子どもは、自分の感情のコントロールが大切なことはわかっているけれど、本当にそんなことをしなければいけないのかなあと、疑問に感じていることがあるかもしれません。我慢することは決して楽しいことではないし、自分が我慢しても他の人たちが我慢していないように見えるのであれば、子どもにとって我慢することの意味がわからなくなってしまいます。

教室を利用している小学校高学年のPちゃんは「どうして自分だけ我慢しなきゃいけないの？」と感じることがたくさんありました。学校で、ある子どもが別の子どもに「バーカ、バーカ」と何度も言っている場面をPちゃんは目撃しました。「バーカ、バーカ」と言うことがしばらく続き、Pちゃんは「バーカ、バーカ」と言っている友達を突き飛ばしてしまいました。その後、Pちゃんだけが先生から怒られてしまったようです。

◆我慢しても、我慢できずに起こした行動も、必ず自分に返ってくる

確かに言ってはいけない言葉を使った相手が悪いのですが、突き飛ばすのもいけないことです。正義感の強いPちゃんにとっては、突き飛ばすことを我慢して、イライラした気持ちをもち続けるのは、辛いことだったかもしれません。イライラを我慢して先生に伝えることでPちゃんが怒られることはないけれども、「バーカ」と言うことが許せないという気持ちは収まらないかもしれません。逆に、突き飛ばしたことで少しはすっきりしたかもしれませんが、その後先生から怒られたことで、新たなイライラを生み出してしまいました。Pちゃんは「バーカ」と言われている友達を守るために別の友達を突き飛ばすという行動をしたわけですが、我慢してもしなくても、その結果はPちゃんに返ってきます。

さまざまな感情や状況が絡み合う中で、何を我慢するのかを選択しなくてはならない場面もあります。正義感や思いやりがあったとしても、行動として怒りを爆発させてしまうと、その子どもにとって結果的に損することが多くなります。最初は、何を選択するのか、自分が損しないためにどうしたらよいのかを、親が選択してあげる必要があるかもしれません。我慢をしてもしなくても、最終的には子ども自身が背負うべき責任になってしまうことを、子どもがわかる言葉で状況に合わせて伝えてきましょう。

ポイント

我慢していないと見える行動の裏に、別の感情が隠れていることもあります。子どもの気持ちを聞きながら、子どもにとって損をしない表現方法を探っていきましょう。

第9章

子ども自身が自分を理解する

視点
41
自分を知ることの大切さ

◆得意・不得意は成長するにつれて変化することもある

私たちは一人ひとり違う存在です。誰にでも得意なことや苦手なことがあります。あなたのお子さんはどんなことが得意でしょうか。難しい漢字をたくさん知っていることかもしれません。毎日お手伝いをコツコツ続けられることかもしれません。

それでは、逆にあなたのお子さんの苦手なことは、どんなことでしょうか。自分の気持ちを我慢することかもしれません。自分の気持ちを言葉で相手に伝えることかもしれません。

また、苦手は変化していきます。幼稚園の頃はせかしても支度をのんびりとしていたかもしれませんが、小学生になってからは何時までに何をするということがしっかりできるようになっていたりします。小学生のときは苦手だったけれど、中学生になったときにはそこまで苦手ではないということもあります。

◆自分の人生を生きるうえで自己理解は大切

このように自分の特徴を知っておくことを「自己理解」と言います。自己理解が進むことは、自分自身の人生を有意義に送る手助けになります。

子どもの人生は子ども一人ひとりのものです。幼いうちは親が手助けして導いていくこともたくさんあると思います。しかし、いつかは自分で自分自身のことを決めなければなりません。

どんな仕事ができるだろうか、どんなふうに生活していこうかなどを考えるとき、自分はどんなことが得意で、どんなことが苦手なのかといった特徴を知っていると役立ちます。難しい選択の場合もありますが、自分を知っていることで主体的に選ぶことができます。

ただ、この自己理解は、すぐできるものではありません。得意なことや苦手なことは年齢によって変わっていくこともありますし、すぐにはわからないこともあります。親や周りの大人、友達との関係の中で、また自分で自分のことを見つめながら、子どもが自分の特徴を知っていけたらよいと思います。時間をかけて、子どもが自分自身についての気づきにつながるように、周囲の大人がサポートすることが大切です。

ポイント

◆焦らずに、子どもが自分自身の特徴に気づけるように、サポートしていきましょう。

視点 42

気づきをもたらす

◆子どもが当たり前だと思っていることをほめる

それでは、子どもが自分自身の特徴に気づくために、周囲の大人はどうしたらいいのでしょうか。

教室で子どもたちの様子を見ていると、子どもが自信を失くしてしまってどうしたらよいかわからなくなっているなと感じるときがあります。すべてに投げやりになって挑戦することをしなくなったり、やたらと不安定で、イライラしていたりするなどです。

そんなときは、私たちはその子が気がついていないようなよいところを見つけて伝えます。当たり前にできていることや小さなことでいいのです。たとえば、さまざまなことで失敗してしまうことが多いけれど、毎日おやつのあとの片づけをお手伝いしてくれる子どもがいたとします。失敗の多さから子どもは自分のことを何をやってもダメだと感じているかもしれません。お手伝いをすることは当たり前と思っているなら、それを活用しましょう。周りから見て子どもが当たり前にやっていることは、子どもにとっても当たり前になってしまっていて、よいところだと認識しにくくなっている可能性があります。「毎日おやつのあとにテーブル拭いてくれるね。毎日やるのはすごいことだよ。助かっているよ」と、具体的によいところを伝えます。

◆何度も伝えることが大切

子どもは自分の知らない自分を教えてもらったとき、「そんなことないよ！」と反発してしまい、最初は素直に受け入れられない場合もあります。知らない自分を周囲の大人が知っていることに対する照れくささがあるからかもしれません。

当たり前のことを当たり前のようにできるということは、十分にその子のよいところです。何度も何度もそのよいところを伝えていくことで、子どもも「自分のよいところってこういうところなんだ」と気づいていくことができます。すぐに気づきにつながるとは限りませんが、焦らずに毎日種まきしていきましょう。少しずつ芽を出して気づきにつながってくれるはずです。自分のよいところをたくさん知っておくことは、自分の特徴を知るために大切なことです。

ポイント

当たり前のことが当たり前のようにできることも、その子のよいところです。繰り返し伝えていきましょう。

視点 43

自己理解するには

◆一生懸命頑張っていることから理解していく

自分のことを知る方法はいろいろとありますが、あまり先のことを考えすぎないで、今気になることや身近なことから見ていくと、子どものよいところや苦手なことを知ることができると思います。

人の発達において、その人の年齢に応じて乗り越えることが必要な課題があるという考え方があります。たとえば、小学生の頃は、何かを一生懸命頑張ることであったり、中学生や高校生になると、「自分は何者だろうか」という疑問に立ち向かったりすることになります。その課題の視点から自分のことを理解していく手助けをしてみましょう。

小学生の子どもの場合、どんなことが好きで一生懸命頑張っていて、どんなことは苦手でなかなか頑張る気持ちが出てこないと思うのでしょうか。また、好きなことや苦手なことを探しながら、子どもの気持ちがどのように変化するのか様子を見るのもよいと思います。どんなときに怒りたくなったり、飛び跳ねたいほど嬉しくなったりするのでしょうか。発達障がいがある子どもは自分の気持ちに気づきにくい傾向があります。周囲の大人がその気持ちを言葉で表現することで、自分の気持ちに気づきやすくなります。

◆身近な人をモデルに理解していく

中学生や高校生では、こういう人になりたいというモデルとなる人とのかかわりが大切になります。特別な人をモデルにしなくてもよいのです。お母さんみたいに料理が上手になりたいとか、お父さんみたいに日曜大工が得意になりたいなど、子どもの「こうなりたい」と思っている人の様子について、どんなところが好きなのかを聞いたり考えてみてはどうでしょうか。

また、自分が得意なことをどんどん伸ばしていけるとよいと思います。それは何ができるといった物理的なことでなくても大丈夫です。いつもニコニコしていられるとか、へこたれないで何度でもトライできるといったような、気持ちの面でよいところもたくさんあると思います。子どものよいところを大切にしながら、子どもが自分のことを理解していけるようにサポートしてあげることが必要です。

自己理解は、たとえば中学生になったからこういうことを考えなければならない、年齢に合わせてやらなければいけないというわけではありません。その子のペースに合わせて丁寧に一緒に考えていけばよいのです。焦らずに、子どもの気持ちと寄り添いながら、自分のことを知っていくサポートをしていくことが大切です。

ポイント

自己理解の方法はいろいろとありますが、子どものペースに合わせて、理解を促していくことが大切です。

視点
44

他者との違いに気づく

◆他の子どもとの違いに気づいたら、自己理解のチャンス

「○○ちゃんは勉強ができていいなあ」とか、「△△くんは僕より足が遅いんだよ」と子どもが他の子どもとの違いに気づくことは、自分のことを知るためのチャンスと考えてよいと思います。他の子どもとの違いを知ることで、自分が得意なこと、苦手なことを知ることにつながるからです。

教室を利用している小学校高学年のJくんはたいこが上手に叩けます。周りの友達の中には、「いいなあ。僕にはできないのに」とうらやましそうにしている子どもたちがたくさんいました。スタッフは、みんなで練習したら楽しいと思い、ダンボールで作ったたたいことバチをみんなに渡して、一緒に練習することにしま

した。いつもはスタッフが先生をしますが、今日は上手に叩けるJくんが自然と先生をしてくれました。たいこの練習のときにはみんなが、「Jくんすごい！どうやってやるの？　教えて教えて！」と集まってきました。Jくんは一人で叩いているときよりもニコニコしていて、ちょっとテンションも高めでした。そして何よりも、とっても嬉しそうにしていました。

このJくんは普段、自分が得意なことやいいところを見つけるのがちょっと苦手です。自分ができることはみんなもできることだと思っていました。そこでスタッフはJくんに「たいこが叩けることもいいところだけど、みんなに優しく教えてあげられることもJくんのいいところだよ」と、いいところをもう一つ足して伝えました。すぐにJくんの気づきにつながらなくても、たいこの練習のたびにこのような体験をしていくことで、きっといつか気づきにつながると思います。

◆できていないことや苦手なことはリフレーミングする

ただ、他人との違いに気がつくと、ちょっとショックなこともあるかもしれません。自分のできていないことや苦手なことがわかってしまうからです。そんなときは少し見方を変えて伝えてみましょう。これを心理学ではリフレーミングと言います。できていないことは悪いことではなく、これから挑戦するチャンスのあるところであると、見方を変えて伝えてもよいでしょう。できなくても頑張ろうとしているという、よいところが見えてきます。

よいところはもっと磨いて、苦手なことはどうやったらうまくできるようになるのか、苦手な中でもできていることはどんなことなのかなどを、周囲の大人が一緒に考えていきましょう。

ポイント

◆自分のよいところや苦手なところは、他の子どもとの違いから気づく場合があります。苦手なことの中にも、よいところはあります。それを子どもに伝えてみましょう。

視点

45

自己理解から他者理解へ

◆自己理解と同じように、他者理解する

これまで自分のことを知るためには、当たり前のようにできていることを伝えていくことや、他者との違いから自分が得意なことや苦手なことに気づくということをお話ししてきました。

これは子どもだからということではなく、大人になってもずっと続いていくことです。成長するにつれて、少しずつ「自分が知っている自分」は変わっていきます。できることが増えることもあれば、できないことが変わることもあります。

また、自分のことを知るのと同じように、相手のことを理解していくことも大切なことです。相手を理解すると言っても、気持ちや性格などさまざまな面があ

ります。誰かのことを理解したいと思ったら、まずはいいところから探すようにしましょう。特別なところでなくてかまいません。これもやはり当たり前のことや小さなことでよいのです。

◆友達のよいところを探してみる

教室で行っている活動の一つに、「友達のいいところ探し」があります。見つけるのが苦手な子どももいますが、何度か練習する中でできるようになっていきます。

見つけにくいときには、「自分が困ったときに助けてくれた子はいるかな？そのときどんなことをしてくれたかな？」と考えるように促していきます。色ペンを貸してくれたとか、荷物を運ぼうとしても一人では重たくて運べなかったときに、一緒に運んでくれたなど、何か一つは出てくるでしょう。そのような友達には「優しい」といういいところや「よく気がつく」といういいところがあります。誰かがいたずらしているときに注意する子どもは「正義感の強い子」なのかもしれません。そんなの普通にできることだよ、当たり前だから、と流してしまうのではなく、友達のよいところとして印象づけることが大切です。

子どもが誰かのことをよく知りたいと思ったときに、相手のいいところがたくさん見つかるとよいですよね。自分のよいところを見つけるのと同じように、他の人のよいところを見つけて認められるようになったら、また、素敵な人を見つけてその人みたいになりたいと思ってくれたら嬉しいですね。

ポイント

◆まずは他の人のよいところが探せるように、サポートしていきましょう。見つかりにくいときには、ヒントを出してあげましょう。

第10章

子ども自身が
自分を好きになる

視点

46

自分を好きになることの大切さ

◆自分をほめられるようになるために、まずは親がほめてあげる

自分のことを好きになりましょうということは、さまざまな場面で言われています。学校や家庭だけでなく、テレビなどでもよく言われています。でもそう簡単には好きになれないと思っている子どももいるでしょうし、そもそも好きになるとはどういうことなのかわからない子どももたくさんいます。自分を好きになるとはどういうことなのでしょうか。そのためにどうしたらよいのでしょうか。

自分を好きになるということは、よいところも悪いところも含めて、自分自身にOKを出してあげることです。誰かが認めてくれなくても、できていないことが多い自分であっても、自分で自分をかわいいと思ったり、ほめてあげようと思えたりすることが、自分を好きだということです。

何度やってもうまくいかないときや、もう全部あきらめて頑張ることをやめてしまいたくなっているようなときもあるでしょう。そういったときでも、まずは親が頑張っていることをほめてあげることで、自分を好きになるチャンスが増えると思います。

◆ダメなところも含めて、自分が好きと思えることが大切

人は誰でも、自分の嫌いなところは見つけやすい傾向にあります。ちゃんとお手伝いしようと思うけどできていないからダメな子だとか、勉強ができないから自分のことが嫌いなどと考えてしまうこともあるでしょう。一つ苦手なことやできていないことを見つけると、自分という存在全部がダメというふうに思ってしまうかもしれません。でも、そんなことはありません。できないこともあるけれど、できることもたくさんあります。自分に厳しくしすぎてしまうという嫌いなところも、妥協しないで頑張れるといういいところと見ることができます。子ど

もがうまくいかなくてイライラしているとき、視点29にある勇気づけや、視点44にあるリフレーミングをしてあげましょう。「うまくいかないね。でも頑張ってるあなたは素敵よ」といいところを教えてあげましょう。子どもはそんないいところに気がつかないほど混乱しているかもしれません。一番近くで見ている親が教えてくれることで、気づいてくれるかもしれません。

自分のことをたくさん好きになってほしいと思います。嫌いなところもあるし、うまくできないこともあるけれど、それでもやっぱり自分のことが好きだなと子どもが思えるようになったら素敵ですよね。

ポイント

◆人は自分の嫌いなところを見つけやすいものです。嫌いなところも含めて自分が好きと思えるようになるために、まずは頑張っているところをほめてあげましょう。

視点

47

プチ達成感を感じる

◆目標は、小さく具体的に

自分で自分をほめてあげたくなるときは、どんなときでしょうか。何かに取り組んで「私ってすごい！　やればできるじゃん」と感じることができれば、自信にもなるし、自分はこれでいいんだと自分を好きになることもできます。「できた」と感じることは、大きなことでなくてよいのです。小さな達成感、つまりプチ達成感をたくさん感じることで、自分で自分を認めてあげることができます。

そのようなプチ達成感を積み重ねていくためには、親はどんな言葉をかけ、何をすればよいのでしょうか。

まずは、目標を具体的なものにすることです。「お手伝いを毎日する」というのも素晴らしい目標ですが、「お皿洗いのお手伝いを、夕食のあとにお母さんといっしょにやる」というように、何をしたらよいのかを細かく具体的なものにします。ほかにも、「お皿を一枚洗う」とか「流しに持っていく」というのもよいかもしれません。できるだけ小さなこと、つまりスモールステップに分けて、一つひとつ細かく振り返りができるようにすることが大切です。5時になったら宿題ノートを広げるというのもいいでしょう。なかなか取り組めなくても、まずはノートを広げたら「ノートを広げることができたね。すごい！　頑張ったね！」とOKを出してあげます。できるようになってきたら、5時半までに半分やるとか、6時までに終わるようにするとか、少しずつ難しい目標にしていきます。

◆小さなことでも、できたことに注目し、すぐにフィードバック

目標をもって何かをしたときには、すぐに振り返りをしてフィードバックをします。そのときに、あまり厳しく評価しないようにしましょう。「お手伝いはしたけど、朝新聞をとりに行っただけで、他のことはできなかったね」ではなくて、

新聞をもってきてくれたそのときに「新聞とりに行けた！　よかった！　すごい！」と、できたことに注目します。小さなことであっても、できたことはできたことです。大きいからすごいことではなく、小さなことでもやったことがすごいことなのです。新しい目標が達成できなくても大丈夫です。昨日できたことが今日も確実にできているのなら、それも素晴らしいことです。

子どもにたくさん拍手してあげましょう。そして子どもと一緒にハイタッチをしたり拍手したりと、その喜びを共有しましょう。拍手できることや、頑張ったねって言ってあげられることが増え、どんなに小さなことであっても子どもと一緒に喜べるといいですね。

ポイント

◆当たり前のような小さなことでも、できたことはできたこと。できたことをほめて、できた喜びを子どもと一緒に共有していきましょう。

視点

48

100点満点でなくても大丈夫なことを知る

◆途中で手伝ってもらっても、最後に自分でできれば大丈夫

親自身が自分に厳しいために、子どもにも厳しくなってしまう場合もあります。いつも完璧でなければいけないと思ってしまうのかもしれません。障がいがあるから、今できるようにしておかないといけないと感じているからかもしれません。そうなると、できていないことが目立ってしまい、子どもが自分のことを好きになるチャンスを逃してしまいます。100点満点でなくても、子どもは自分のことを好きになることができます。今はできなくても、少しずつできるようにサポートしていくことが大切です。

そもそも、完璧であるということはどういうことでしょうか。何でも一人で全

部やることだと思っていないでしょうか。そんな必要はありません。途中で誰かに手伝ってもらったとしても、最後にできればOKなのです。

◆スモールステップに分けて考えることが大切

教室を利用している小学校低学年のKくんは、座って最後まで話を聞くことが苦手です。途中で気になることがあると、席を立ってしまったり話し始めてしまったりします。「最後まで話を聞く」という意味では、Kくんはいつも0点になってしまいます。でも、「最後まで話を聞く」ということを次のようにスモールステップに分けてみると、0点ではないのです。

①話が始まる前に座って待つ
②相手の顔を見る
③黙って話を聞く
④「おしまいです」と言われるまで、じっとしている

この四つに分けたとき、Kくんは①はできています。ということは、25点は

とれているのです。もっと細かく分けたら、もっとたくさん点数がとれているかもしれません。細かく分けてみると、まったくできていないのではなく、途中まではできていることがわかります。これをコツコツ積み重ねていくと、時間はかかっても最後まで話を聞くことができるようになり、１００点満点につながります。

今はまだ１００点満点でなくても大丈夫です。０のものを1にすることはすごくエネルギーがかかる大変なことです。10点にすることができれば、明日は20点になるかもしれません。やらなかったことをやろうとするだけでも大切なことです。

ポイント

◆スモールステップに分けて、一つのステップでもできていればほめてあげましょう。その少しずつのステップをコツコツと積み重ねることが大切です。

視点
49

自分のよいところを知る

◆当たり前のことが当たり前にできているところは、子どものよいところ

自分を好きになるためには、自分のよいところを知っていることが大切です。「うちの子にはこんないいところがある。ああ、あんなこともできるな」と子どものよいところが思いつきますか。それとも、思いつかない？　思いつかないなら、よいところを見つけるコツを一緒に考えてみましょう。

子どものよいところと言われると、誰かと比べて特別なところを探そうとしてしまうことがあります。誰にもできないようなことができるとか、誰よりも上手にできることだとか。そうではなくて、もっと小さいことを考えてみましょう。

朝起きてから今までにどんなことをしたでしょうか。目覚ましがなって、親に起

こされる前に自分から起きることができたとか、「おはよう」と元気にあいさつができたとかがあるでしょう。それを毎日やっているのであれば、それは子どものとても素晴らしいところです。こんなふうにちょっとしたよいところを探してみましょう。

◆「できない」ことの裏によいところが隠れていることもある

頑張って探しているけど、なんだかできることが少ないなあと思った方もいるかもしれません。教室を利用している小学校高学年のLくんは、親とさまざまな場面で「時間までに身支度する」と約束をしていました。しかし、Lくんは教室から帰るときの準備がいつも遅く、自分にはいいところが一つもないと感じているようでした。「片づけできたね。すごいじゃん」と声をかけても、憮然としてなんだか納得していない様子でした。

なぜ身支度に時間がかかるのか見ていると、自分のことよりも人のことが気になるようです。周りの友達が忘れ物をしていることに気がつくと、その子のところへわざわざ荷物を持っていってあげたり、靴下が上手にはけないと手伝ってあげたりしていました。それをしていると自分のことが後回しになってしまって、準備が遅くなってしまうようです。確かに時間までに準備できないところはよいところとは言えません。でも、友達のことを気にして、手伝ってあげるところは優しくて素敵なところです。そのことをLくんに言うと、「そっか。優しいのはいいことなんだ」という感じで少しびっくりしていました。周りが気になってしまうところから、本来親と約束した「時間までに身支度する」ということを達成するのはなかなか難しいようですが、優しい自分を見つけることで、ちょっとだけ自分のことを好きになってくれそうです。

ポイント

◆子どもの小さなできていることを探してみましょう。その小さなできていることを、子どもが自分のよいところだと思えるようにサポートしていきましょう。

視点

50

失敗しても大丈夫ってホント?!

◆「失敗しても大丈夫」と見守る勇気を出してみましょう

失敗することは、子どもにとっても親にとっても気持ちのいいものではありません。子どもからすると、頑張ったのにうまくできないと悔しいし、周りの人も残念そうな顔をするからますますイヤな気持ちになります。親からすると、何度もやっているのになんでできないんだろう、やり方が悪いのかしらとモヤモヤしてしまうかもしれません。でも失敗しても大丈夫という気持ちでちょっとだけ見守ってみませんか。無理をする必要はありませんが、やってみたいなと子どもが言ったときとか、できるかもしれないなと思ったときには、勇気を出して見守ってあげましょう。今回はその見守りのポイントを考えていきます。

誰でもたくさん失敗すると、「自分はやっぱりダメな人間なんだ」とか「価値がない人間なんだ」と感じてしまいます。しかし、物事に失敗しただけであって、子ども自身の価値はまったく変わりません。むしろ失敗をおそれずに挑戦したことや、前に失敗したから今度はこうしようと考えたことはものすごく価値のあることです。「あなたでなければ、挑戦することすらできなかったかもしれないよ」と伝えてあげましょう。挑戦する気持ちや成功のイメージに向かって何とかしようと努力したことが、とても素敵なことなのです。

◈「失敗は成功のもと」と考え、少しでもできたところを見つけていく

そんなこと言われても、やっぱり失敗しないほうがいいに決まっているとか、プチ達成感を積み重ねてあげたいのにできないとか、思ってしまう方もいるかもしれません。でも、周りの人もいろんな失敗をしています。試しに親自身が「最近何を失敗した?」と考えてみてはどうでしょうか。初めて作ったお料理の味付けを失敗した、待ち合わせの時間を間違えちゃったなど、小さなものから大きな

ものまでさまざまあると思います。でも失敗するからこそ、「そうか。ここに落とし穴があったのか」とわかるのです。失敗しようと思って失敗する人はいません。上手にやりたいとか成功したいと思って頑張るわけです。それでも思ってもみないような落とし穴があったりします。それは挑戦してみないことにはわからないことです。誰しもが失敗しながら成功体験や達成感を得ています。子どもがたくさん失敗したとしても、できていることを親が見つけてあげることで、「ここはできたんだよな。あとちょっとだ」と思えるようになります。「失敗を体験する」というのも目標の一つだとリフレーミングしてみましょう。

ポイント

◆誰もが失敗を繰り返しながら、成功できるように努力をしていくものです。失敗の中にもできているところが必ずあるはずなので、そこを子どもに伝えてあげましょう。

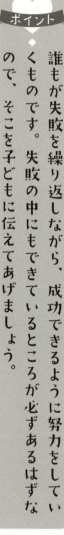

第11章

学校生活について考える

視点 51

学習のつまずき

◆困っている内容、困り始めるタイミングなどはさまざま

学校生活での困りごとと言えば、まずあがってくるのは授業についてのことではないかと思います。授業中にじっと座っていることができない、漢字や計算など特定の学習で周りの子についていけない……といったことなどです。

AD／HDの子どもは、じっとしているのが苦手ということが多く、いろいろなことに気が散ってしまい、授業に参加すること自体が苦痛ということもあります。また、LD（学習障がい）の子どもは特定の教科の特定の作業が、どうしても苦手だということが出てきます。

このように、ひとくちに「発達障がい」と言っても、子ども一人ひとりが直面

している困り感は異なり、たとえ同じ診断名であってもやはり一人ひとり違うものなのです。一人ひとりが授業に対して異なる困りごとを抱えているのです。

また、学習へのつまずきが出てくるタイミングも一人ひとり異なります。小学校ではそれほど感じていなかったけど、中学校にあがったら困るようになる子どももいますし、高校に入学したとき、あるいは大学へ進学してからという人もいます。

◆「この子には何が合うのか」という視点で試行錯誤することが大切

そんなときに子どもの周りにいる、親や支援者である私たちができることというのは、子どもが「何に困っているのか」をよく見て探すことです。学習そのものに困っているのか、授業を行っている環境なのか、それとも勉強のやり方なのかなど、さまざまあります。子どもが困っていると言葉で説明することが難しい場合も多いので、あれかな、これかなと、周りの大人が推測して試してみることが必要です。子どもが困っているのには必ず理由があります。たとえば、言葉で理解することよりも見て理解することのほうが得意だということがわかっている子どもに対して、スケジュールを提示して行動の流れを理解してもらおうとする場合があります。そのとき、スケジュールを提示する方法は絵がよいのか、絵と文字がよいのかであったり、いくつのスケジュールを同時に提示するとスムーズに理解しやすいのかと試行錯誤することはよくあります。その子どもに合ったやり方を探すことが大切なのです。

発達障がいだからできないのだとあきらめてしまわずに、よりよくできる方法はどういう方法だろうと、子どもと一緒に探してみてください。

ポイント

◆「何に困っているのか」「どこでつまずいているのか」子どもの様子をよく観察し、試行錯誤しながら子どもに合った方法を見つけていきましょう。

視点
52
いじめ

◆「何か違う」は魅力である反面、からかいのターゲットにも

学校生活での不安の一つにいじめの問題があります。大きな社会問題となって深刻なニュースとして報道されることも多く、不安ばかりがあおられてしまうこともあるでしょう。残念ながら、発達障がいがある子どもはいじめられやすい傾向があります。個性尊重の傾向が強まってきているとはいえ、集団生活の中では「他と違う」ことは目立ちますし、そういう「何か違う」をそれぞれにもっているのが、発達障がいの子どもです。

裏を返せば、「何か違う」というところが、彼らの魅力だったりもするのですが、集団生活の中ではそういかないことが多いのです。成人した発達障がいの

方の中には、程度の差はありますが、学校時代のいじめられた経験を振り返って教えてくださる方もいらっしゃいます。

◆子どもが話しやすい環境を整えることが大切

いじめの問題は、いじめっ子の側が、幼少期の愛着の課題や他者との信頼関係に課題をもっている場合もあり、狡猾に陰湿にターゲットを追い込んでいくこともあります。いじめられる側だけに問題があるというわけではないため、予防策や解決策を考えることが難しい問題でもあります。ただ、発達障がいがある子どもの場合、本人がいじめられていることに気がついていないこともあるので注意が必要です。

また、本人がいじめられていることに気づいていても、恥ずかしかったりカッコ悪かったりして、家族には言えないということもあります。子どもが自分に発達障がいがあることをわかっている場合は、発達障がいだからいじめられるんだなどと、落ち込んだり自分を卑下して考えたりする可能性も考えられます。親は、子どもの様子をよく見て「あれ？　何かおかしいぞ」というサインに気づいてあげてください。声をかけて無理強いはせずに子どもがいじめについて話せるようなら、普通に聴いて受けとめてあげてください。ただ、いざ「いじめられているのかも」と思ったときに話をしようとしても、それまでに話しやすい関係がなければ急に話をすることは難しいです。何かあったときにすぐ気づけるようにするには、日頃から楽しかったこと、悲しかったこと、つらかったことなどいろいろなことを話しやすい関係を作っておくことが大切です。

ポイント

◆からかい程度のいじめは起こるものとの覚悟は必要かもしれません。それをふまえて、楽しいことも、嫌なことも何でも話しやすい親子関係を心がけてみましょう。

視点
53
不登校

◆ときには社会的な生活から離れて休息が必要な場合も

前節ではいじめの問題について取り上げましたが、いじめも不登校の要因になりえます。子どもがいじめられていることに気づかず、事態が悪化してしまったり、そのせいで「自分はダメだ……」と思い込むようになったら、学校に行きたくなくなるのは当たり前のことです。

社会的な生活から離れることをおそれる人は多いのですが、ときには、それを優先させたほうがよい場合もあります。社会（＝学校）とかかわることよりも、子どもの命を守ることのほうがずっと大事なはずです。

ですから、親としても不登校をおそれないでほしいと思います。不登校状態が長引くリスクはもちろんあります。しかし、学校へ行くことにとらわれすぎず、学級や学校変更というリセットや、高校入学のタイミングに合わせた準備というリスタートなどの幅広い視野で考えることが大切になります。

◆励まし言葉は控え、「なぜ行けないのか」を探ってみましょう

一般的に考えられている不登校対策は再登校を目指すことが前提になっています。そのため、登校することが良しとされています。「頑張って行ってみよう!」という声かけをしたとします。でも、実は子どもは精一杯頑張った結果、行けなくなっているのです。もう頑張って疲れてしまった人に、もっと頑張れと言うほど酷なことはありません。子どもは「わかってもらえない」という気持ちを感じ、ますます意欲をなくしてしまうかもしれません。

また、いじめだけが不登校の要因となっているわけではありません。教室の環境や、学習の進み方、学校行事のあり方であったり、通学路に問題があることもあります。子ども一人ひとりにとって、異なる理由があるのです。「学校に

行けない」という事実だけに注目して焦ってしまいがちですが、「何が問題なのかな？」と推理して原因を探してみましょう。もしかしたら、「なんだー、これだったのー」という本当にささいなことが原因で、容易に解決できることかもしれません。

ただ、家族内だけで解決することが難しいのも事実です。そのときは親としての気持ちも一緒に、遠慮なく学校や専門機関に相談してみてください。

ポイント

◆「学校に行けない」という事実は一度横に置いて、「なぜ行けないのか」「今のこの子に本当に必要なことは何か」と考えてみましょう。

視点 54

進路選択について考える

◆進路の悩みは、誰もが一度はぶつかる壁

進路に関しては、誰もが悩み、ぶつかる壁となることでしょう。特別支援学校※では、障がいがある子どもたちが進んだ進路に関する地域の情報の選択肢をたくさんもってます。また、特別支援学級※や通級指導教室（以下、通級）※を利用している場合も、先生が相談に乗ってくれたり情報を教えてくれたりすることがあるでしょう。

進路選択の際に一番苦労されて悩んでいるのは、おそらく普通級に通っている子どもの親ではないかと思います。親が「うちの子は何か違う」と感じていても、先生によって発達障がいへの理解が異なって思うように相談できなかったり、情

報も少なかったりして暗中模索という方もいることでしょう。普通級に通っていて、行政の支援や医療機関、療育機関なども利用したことがない場合は、孤立感を抱えながら孤軍奮闘されている方が本当に多いのです。

◆幅広く情報を知っておくことが、選択肢の幅を広げる

小学校入学や中学校入学のときには、おそらく多くの親が「できる限り普通級で」と希望されると思います。ただ、情報としては、特別支援学校、特別支援学級、通級のメリットというのも知っておかれるとよいと思います。メリットとして頭でわかっていても、「障がい」という言葉の重みやイメージが大きく、抵抗を感じることもあると思います。また、親としては支援級のほうがいいかなと考えていたとしても、子ども自身が普通級を強く希望する場合もあるでしょう。子どもが強く希望する場合は、普通級でやってみるという選択も大事なステップになります。自己決定のもとに普通級へ通い、子どもが自分で「難しい」と感じると、自分で次の選択ができるようになるからです。こういうとき、周りの大人は

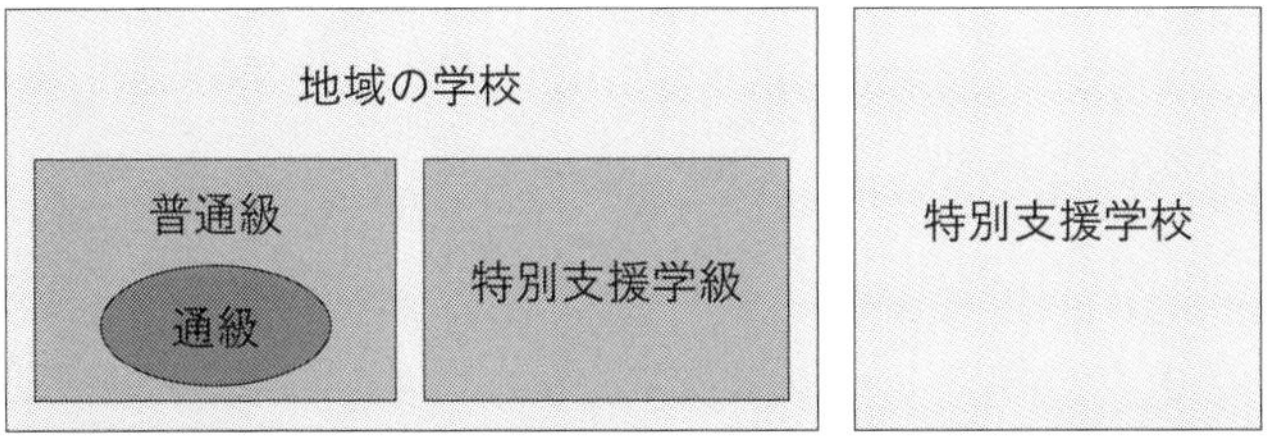

※**通級指導教室**（通級）：普通級に在籍しながら週に数時間だけ別教室にて授業を受ける。このクラスは、数校に１か所の設置で、基本的に親の送迎が必要。

※**特別支援学級**：多くの学校で１校に１教室は設けられている。基本的にその子に合った授業内容・ペースで進める。在籍する子どもや人数がクラスによって異なるため、授業形態や進め方はさまざま。

※**特別支援学校**（旧養護学校）：より専門的かつ子どもの障がいの程度に応じた指導を行う。特定のエリアに１校の設置で、送迎バスを運行していることが多い。

もどかしいのですが、根気よく一緒に伴走していくことが大切です。

さらに、行政の福祉サービスを受けるための手帳として、療育手帳や精神障害者保健福祉手帳（以下、二つを合わせて手帳）があります。手帳は何段階かの等級に分かれていて、それによって受けられるサービスが少しずつ変わってきます。一番軽い等級の手帳は、第一印象では障がいがあるかどうか全然わからないという方が多く取得されています。手帳を取得していると、就労移行支援や就労継続支援など就労訓練のサービスを利用しやすくなります。

特に就職の際、「本人のためになる」というメリットがある場合は、手帳のことも視野に入れてみるとよいかもしれません。

通級や特別支援学級・特別支援学校に在籍すること、手帳を取得することで、「障がい」というレッテルを貼ることになると感じる方もいるかもしれません。しかし、子どもに合った教育やサービスを受けることで、より子どもが成長できる幅が広がる可能性もあります。利用するかどうかは別としても、まずは親として情報を広く知っておくことは大切です。

ポイント

◆ 抵抗を感じることもあるかもしれませんが、行政のサービスを活用することは子どもの人生の選択肢を増やす場合もあります。専門家と相談しながら、子どもに合った選択を。

視点

55

クラスメイトとの関係

◆具体的に明確な言葉で子どもに伝えましょう

学校生活に限らず、友達との付き合いには悩みがつきないという方もいるでしょう。いじめられてしまうこともあれば、相手が傷つくようなことを口にして、友達を泣かせてしまうということもあるかもしれません。衝動的で行動をコントロールすることが苦手な場合は、友達にどうしても手を上げてしまうということもあるでしょう。「こういうときには、こうする」と具体的に明確に子どもに伝えてあげましょう。「空気が読めない」が合言葉のように言われる発達障がいですが、子どもに感情がないわけではなく、本当にただ「知らない」ということが多いです。どうしたらよいかが理解できたときに、ああ、そうか、申し訳ないことをした、ごめんなさいと、すぐに謝るような素直さをもっている子どもも多く、こころが洗われるような気持ちになることもあります。

◆固定観念に縛られすぎずに解決の糸口を探りましょう

友達に手が出てしまう場合には、学校に行くようになると、親がずっと目の届く範囲にいるわけにもいかず、心配でたまらないと思います。手が出るのにも理由があると言われています。何かが不安だったり何かがイヤだったり、子どもの中に我慢できない「何か」があるのです。それを親だけで探して解決するのは本当に大変で、時間がかかることがあります。親だけで抱えて、疲れ切ってしまう前に学校や医師、療育機関などの専門家に相談してください。専門家のかかわりということだけでなく、第三者であることだけでも、解決の糸口が見つかることがあります。

私たち大人は「友達は多いほうがいい」とか「学校は行くべきものだ」とか、固定観念に縛られていることが多いです。しかし、本当に友達はいなければならないのでしょうか。子どもが本当に友達を求めているのかどうか、そういうことを考えることもときには必要かもしれません。コミュニケーションの方法は少しずつ学んでいくことができます。特に年齢が低いうちは、クラスメイトの中に友達ができなくても、あまり気にしないで、家庭や療育機関など、本人が伸び伸びできる場所で楽しい時間を過ごすことが大切です。

ポイント

◆「こうあるべき」ではなく、「子どもは何を求めているのだろうか」という視点で考えてみることが大切です。学校に限らず、生活全体の中に子どもが伸び伸び過ごせる場所を見つけましょう。

第12章

障がい告知について考える

視点 56

本人告知の大切さ

◆子どもの「知りたい」に寄り添うことが自己理解を深める

子どもに障がいのことを伝えることについて、誰が、いつ、どのように伝えればいいのかなど、悩んでいる方も多いのではないでしょうか。

私たちは、成長するにつれて自分自身について関心をもち、自分自身を客観的に見てどのような人間なのかを考え、自己理解を深めていきます。それは子どもによって時期に差がありますが、発達障がいをもつ子どもも同じです。

特に小学校入学以降、集団場面においての学習や他者とかかわる機会が多くなることで、子ども自身が周囲との違いに気づきやすくなり、個別の教育的配慮を受ける必要が出てくる場合もあるかと思います。そのため、発達障がいがある子どもは「なぜ他の子と違うんだろう」「どうして自分にだけ先生がお手伝いしてくれるんだろう」など、子どもなりに自分と他者の違いに気づき、「なぜ」という気持ちを深めていきます。そういった自分自身について「知りたい」という気持ちに寄り添い、その子がわかる言葉で応えることも、自己理解を深めるための支援の一つだと考えます。

◆告知によって自己評価を下げることを防ぐこともできる

また、発達障がいをもつ子どもの行動が、自分自身の努力不足や性格や親のしつけによるものであると誤解を受けやすいことは、みなさんも経験をされていると思います。

本人告知によって、それが障がいの特性によるものであり、自分自身は悪くないと知ることで、「自分はダメなんだ」と不必要に自尊心が傷ついたり、自己評価を下げることを回避することができます。

本人告知を誰が、いつ、どのように行うかに絶対的な正解はありません。また、本人告知は一度だけとは限りません。たとえば子どもが自分自身について疑問をもったときや進路選択の時期など、発達や理解の程度に応じて繰り返し行われることもあります。

「いつかは伝えるもの」として、子どもとかかわる大人同士が相談し合うことがその子の支援環境を整えることにもつながると考えます。一人の子どもに対してかかわる複数の大人が異なる伝え方をして、子どもを混乱させたり不安を高めたりすることがないように注意が必要です。

ポイント

◆本人告知に絶対的な正解はありません。「いつかは伝えるもの」として準備しておきましょう。

視点 57

自己理解をふまえた本人告知

◆子ども自身が気づいてる特徴についての告知は受け入れやすい

それでは、どのような本人告知が望ましいのでしょうか。その一つとして、自己理解をふまえた本人告知があげられます。

すでに子ども自身で気づいている特徴や行動をふまえた告知は本人にも受け入れやすく、さらなる自己理解につながるとされています。

教室を利用している小学校高学年のMくんは、AD／HDと診断されており、友達が使っているモノが気になると衝動的に取り上げてしまい、友達とトラブルになることが度々ありました。そのMくんが、「どうして僕は教室に来ないといけないの？」と聞いてくることがありました。

教室のスタッフは「Mくんは『友達となかよくしたい』と思っていても、友達とケンカしてしまうことがあるよね？　友達とケンカしないようにするためにはどうしたらいいのかをここで練習しているんだよ」と伝えました。

最近はこれまでのソーシャルスキルトレーニングの効果もあってか、少しずつ「貸して」と言葉で伝えることができるようになってきました。それによってスタッフなどの周囲の大人にほめられることや友達となかよく遊べていることに気づき始めていました。

子どもが自覚していることを指摘することで、Mくんは自分が教室に通う理由が理解できたのではないかと考えます。

◆子どもの困り感に寄り添い、対処方法を含めた告知をしていく

また、子どもの困り感に基づいた疑問の場合、その困り感を受けとめたうえで、「こういうのはどう？」といったアドバイスも含めた告知をしていくと、適切な対処方法もわかって、困り感が軽減できる可能性があります。

それによって、自分の不得意さや苦手さだけを認識するのではなく、少しでも自分にとって生活しやすく、失敗を繰り返さないようにするためにはどうしたらよいかなど、いかに自分が障がいと付き合っていくかを考えることにもつながります。

第9章で「子ども自身が自分を理解する」ということをお話ししました。自己理解と告知には、とても重なるものがあります。告知と言っても障がい名だけを知ればよいというわけではなく、障がいの特性と、自分の得意・苦手をしっかりと結び付けて理解できるようにすることが大切です。

ポイント

◆将来の可能性を見据えた肯定的な自己理解を深められるような告知のあり方が大切です。

視点

58

発達段階に応じた本人告知

◆発達段階に合わせた告知もあり方の一つ

また、望ましい本人告知のあり方の一つとして、発達段階に応じた告知があげられます。

低学年の子どもは自分の支援環境への疑問が多く、高学年になると自分の特性への疑問が加わる傾向があるとされています。たとえば、低学年の子どもは「どうして自分だけ特別に先生がつくのか」「なぜ療育機関に行くのか」などの環境に対する疑問、高学年の子どもは「みんなができているのに、どうして自分にはできないのか」「なぜ友達ができないのか」などの自分の特性についての疑問を抱きやすいです。

他の子どもとの違いから「どうしてヘンに生まれたのか」や、どこから聞きつけたのか「僕は障がい児なのか」などと、親としてはショックを受けるような疑問も出てくるかもしれません。

けれども、そういった子どもの疑問について、冷静さをもって、言葉や例えを選びながらその子にとって理解しやすい、かつ肯定的・受容的な答えを伝えることが子どもの自尊心や肯定的な自己評価を形成していくためにも大切になります。

◆告知は何度も時間をかけて繰り返すことが大切

すぐには理解が難しい場合もあるでしょう。また、先ほどもお伝えしたように、子どもが困っているときや進路選択の時期など人生のいくつもの節目で何度も伝える必要がある場合もあります。

疑問に対する明確な答えが得られないままでは、子ども自身が自分についての理解を言葉で表現することが難しくなると思います。それは、自分の障がいに対する理解や自己理解を妨げるおそれがあります。もちろん、医学的なことなど親としてもわからない疑問を子どもから投げかけられることもあるでしょう。それでもはぐらかしたりウソをついたりするのではなく、子どもが感じている疑問を受けとめ、親としてもわからないことを素直に伝えてあげましょう。
疑問というかたちで表現された、自分についての「知りたい」気持ちや今困っている状況について、その機会を逃さずに大人が明確に答えることが、障がいをもった子どもが自己理解を深めることのできる本人告知のあり方ではないでしょうか。

ポイント

◆自分自身に対する子どもの疑問について、大人が子どもにわかる言葉で伝えること、親がわからないことは一緒に調べたり他の人（医師など）に聞いたりすることが、自己理解を深めるうえで大切です。

視点59

周囲への告知

◆周囲への告知は難しい

障がいの告知について、本人告知と同じように、きょうだいなどの家族や学校への告知について、いつ、誰に、どのように伝えればいいのかを悩んでいる方は多いのではないでしょうか。

本人告知は子どもの自己理解を深めたり、自尊心の傷つきや自己評価の低下を回避できることから「いつかは行うもの」として理解されやすいと思います。

しかし、周囲への告知はその環境によって、それが支援につながることもあれば、アダとなる場合もあるなど難しい場合があります。

「保護者会で思い切って言ってみたら、運動会後に『○○ちゃん、楽しそうに走っていたね』と声かけしてくれるお母さんが増えた」というような声を聞く一方で、「苦手なことを話したら、それをされて困っているから何とかしてくれとクレームを受けた」という声も聞きます。

周囲への告知は、告知される人の性格や障がいに対する理解の程度、クラスなどの集団への告知であればクラスの雰囲気など、さまざまな要素が複雑に絡み合っています。そのため、一概に「伝えたほうがいい」とは言い切れない難しさがあります。

◆周囲への告知については、子どもと一緒に考えることも大切

周囲への告知をするかどうかの判断基準の一つとして、たとえば、想定外の状況にパニックになりやすかったり、順番が守れなかったり、つい手が出たりなど、他の子どもとトラブルになるおそれが高いかどうかで考えるという方法があります。

また、もしすでに本人告知をしていて、「自分にはこういったところがある」

など自分の障がいについてある程度理解しているのであれば、一緒に考えて、どうするのか決定させるのも一つの選択肢です。

やがて、成長していくと、進学・就労といった問題がでてきます。その際に、進路選択だけでなく、その際の周囲への告知の判断が必要な場合があります。ただ、「友達に知られたくない」と子どもが思うのであれば、その気持ちは大切にしてほしいと考えます。周囲への告知はとても難しい問題です。状況によっては、告知しないほうがベターということもあります。大切なのは、どちらのほうが子どもや親が心地よくいられるかだと思います。

ポイント

◆ 周囲への障がい告知はさまざまな要素が影響しているため、「するのがいい」とは一概には言い切れません。子どもも本人の意思も尊重して決めましょう。

視点 60

無理解を理解する

◆発達障がいについての理解は広まった一方で……

発達障がいは「見えない障がい」と呼ばれることもあり、特に以前は、その特性が子ども自身の努力不足や性格の偏り、親のしつけ不足のせいにされることも多く、子どもや親が周囲から誤解されている場合がありました。

近年では発達障害者支援法が制定され、福祉的な制度が整備されたり、タレントがテレビなどでカミングアウトしたりすることで、発達障がいについて広く知ってもらえる機会は増えています。

そういった中で、発達障がいがある人たちの困難さに理解を示し、見守ってくれる人、積極的に支援してくれる人が増えていることは確かです。しかし、すべての人が発達障がいについて正しく理解し、支援してくれるとはまだまだ言えない状況だということも事実です。

◆理解してくれない人にはかかわらないのも一つ

教室を利用している親御さんから「子どもについて、勇気を出して話をしてみたけれど、『頑張ればできているから大丈夫ですよ』と子どもにとって高いハードルを求められて子どもが疲れ切っている」「先生に『こういうふうにするとできます』と伝えても『一人だけ特別な扱いはできません』と言われた」などのお話をいただくこともあります。

このように、いくら子どもの特性について説明し、理解を求めたとしても、理解を示してくれない人や、支援してくれない人がいることも残念ながら現実です。多くの人は理解を示してくれるかもしれないけれども、そうではない人もいる――つまり、無理解があることを理解することは、子どもや親自身がストレスをためないための一つの考え方だと思います。

そんな人とはなるべくかかわらないようにすることも、選択肢の一つだと考えます。無理解があることは事実です。しかし、理解があることも事実です。学校のように決められた空間では「かかわらない」という選択をすることが難しい場合もありますが、「理解してもらわなければならない」と考えすぎないことが大切です。理解してくれる人とのかかわり方と、理解してくれない人とのかかわり方の両方のパターンを用意しておくとよいでしょう。

ポイント

◆理解してくれる人がいる一方で、理解してくれない人もいることを理解し、自分にとって居心地のよい対人関係を築きましょう。

引用・参考文献

エリザベス・キューブラー＝ロス『死ぬ瞬間――死とその過程について』中公文庫、二〇〇一年
上田敏「障害の受容――その本質と諸段階について」『総合リハビリテーション』8-7、一九八〇年
Olshansky, S. (1962). Cronic sorrw: A response to having a mentally defective child. *Social Casework*, 43, 190-193
井上雅彦『家庭で無理なく対応できる困った行動Q&A――自傷、こだわり、感覚過敏への適切な関わり方を考えます！』学研教育出版、二〇一五年
岡田俊『発達障害のある子と家族のためのサポートBOOK 小学生編』ナツメ社、二〇一二年
塚本章人『宿題なんかこわくない――発達障害児の学習支援』かもがわ出版、二〇一四年
小島道生、田中真理、井澤信三、田中敦士『思春期・青年期の発達障害者が「自分らしく生きる」ための支援』金子書房、二〇一三年
上林靖子監修『発達障害の子の育て方がわかる！ ペアレント・トレーニング』講談社、二〇〇九年
小林みやび『発達障害の子を育てる58のヒント』学研プラス、二〇一三年

おわりに

私たちが、日々、子どもたちの成長支援に取り組む中で、私たちを大きく後押ししてくれるのは、保護者の方々の声です。「本当に助かっている」「子どもがこんなことや、あんなことができるようになってびっくりした」といった感謝の声。「もっとこんなことができるようにしてもらえませんか?」「次はこのテーマに取り組んでほしい、こういった活動を増やしてほしい」などのご期待の声。「この時間では、仕事をしている保護者には厳しい」「日曜日にはこういうトレーニングをしてほしい」などのご要望。こうした保護者の声に何とか応えよう、何とか応えなければいけない、という気持ちで日々、取り組んできました。

今の日本は子育てをするお母さん（お父さん）にはまだまだ厳しい環境だと考えます。核家族化などで育児にかかわる「手」は減り、イクメンなどは少数派。経済もなかなか上昇基調とはいえず、働くお母さん（お父さん）世代の賃金が大きく上昇しているという話もあまり聞きません。そんな逆風の中にあっても、お子さんをご自宅に送り届けて楽しそうにお子さんと会話しているお母さん（お父さん）を見ると、ほっとする瞬間や、この仕事に取り組んできてよかったなと思える瞬間があります。

保護者のみなさまの切実な声やご要望が私たちを成長させてくれています。そして、子どもたちの笑顔や「できるようになったよ」という喜びの声が私たちの原動力となっています。これからも子どもたちの成長を支援し、可能性を広げていくことに全力で取り組んでいきたいと思います。

最後になりますが、日頃よりあたたかいお声をくださる保護者のみなさま、お世話になっている学校の先生方、アドバイスをくださる行政のみなさまや関係者のみなさまに、この場を借りて感謝申し上げます。

スマートキッズ療育チーム

【スマートキッズとは】

児童福祉法に基づく、児童発達支援事業と放課後等デイサービスという福祉サービスを提供している。3～5歳の未就学のお子さまと小学生のお子さまを対象にしたスマートキッズプラス、中高生のお子さまを対象としたスマートキッズジュニアを運営している。学校が終わった後や休日、長期休みの間などに、お子さまに対して、居場所を提供し、一人ひとりの課題解決に向けて支援を行う。

臨床心理士、看護師、保育士、教員、産業カウンセラー、言語聴覚士、社会福祉士、介護福祉士等の実務経験を持つ社内スタッフで構成されるチーム。療育計画や療育サポート、保護者支援にあたっている。

◈スマートキッズの３つのコンセプト

1．子どもたちに「安全」、保護者に「安心」の放課後の居場所づくり
2．一人ひとりの子どもを見つめた成長支援
3．子育ての負担軽減を図る保護者サポート

〈教室所在地〉　東京都・千葉県・埼玉県・神奈川県・大阪府

〈お問い合わせ先〉　お電話から　03-6280-4669
メールから　info@smart-kidsplus.jp
HPから　http://www.smart-kidsplus.jp

発達障がいの子どもが
自分らしく生きていくためのヒント60

2016年4月22日　第1版第1刷発行

編著者　スマートキッズ療育チーム
発行　有限会社 唯学書房
〒101-0061
東京都千代田区三崎町2-6-9 三栄ビル302
TEL 03-3237-7073／FAX 03-5215-1953
URL http://www.yuigaku.com/
発売　有限会社アジール・プロダクション
デザイン　米谷豪
印刷・製本　中央精版印刷株式会社

ISBN978-4-908407-03-1　C0037